江西财经大学出版资助成果

Study on the Consumption Behavior of Chinese Urban Residents in the Transitional Period

转型时期中国城镇居民消费行为研究

封福育／著

图书在版编目（CIP）数据

转型时期中国城镇居民消费行为研究/封福育著. —北京：经济管理出版社，2017. 12
ISBN 978-7-5096-5507-8

Ⅰ. ①转… Ⅱ. ①封… Ⅲ. ①城镇—居民消费—行为—研究—中国 Ⅳ. ①F126.1

中国版本图书馆 CIP 数据核字（2017）第 278955 号

组稿编辑：宋　娜
责任编辑：侯春霞
责任印制：司东翔
责任校对：王淑卿

出版发行：经济管理出版社
（北京市海淀区北蜂窝 8 号中雅大厦 A 座 11 层　100038）
网　　址：www. E-mp. com. cn
电　　话：(010) 51915602
印　　刷：玉田县昊达印刷有限公司
经　　销：新华书店
开　　本：720mm×1000mm/16
印　　张：12.25
字　　数：175 千字
版　　次：2018 年 3 月第 2 版　2018 年 3 月第 2 次印刷
书　　号：ISBN 978-7-5096-5507-8
定　　价：88.00 元

联系地址：北京阜外月坛北小街 2 号
电话：(010) 68022974　　邮编：100836

前　言

我国正处于全面转型的历史时期，一方面，各种新老制度的更替与衔接给普通民众的生活造成了巨大冲击；另一方面，我国投资和出口日益趋于饱和。在此背景下，启动国内消费无疑具有重要意义。然而，我国居民消费增长却远低于同期GDP增长，居民消费率长期在低位徘徊。这意味着消费需求疲软已成为我国经济长期健康运行的隐忧。因此，深入研究转型时期我国城镇居民消费行为的作用机制及其决定因素、启动国内消费，具有重要的现实意义和丰富的政策内涵。

本书共十一章，主要内容如下：

第一章为导论。在本章中我们提出本书的研究背景和研究意义，指明本书的研究思路、研究方法和主要的研究内容，最后提出本书的创新之处。

第二章为国内外文献回顾。在本章中，我们对国内外的相关文献进行了回顾和梳理，并且针对其优点和不足进行了简要述评。

第三章为我国城镇居民消费的现状、特征及其变动趋势。在本章中，我们首先从纵向时间维度探讨我国城镇居民消费水平增长的态势，其次从横向角度比较分析了不同地区城镇居民的消费水平和消费倾向，而后比较分析了不同收入水平城镇居民的消费差异，最后基于实地调研结果分析了我国居民现阶段的消费特征。

第四章为我国最优居民消费率的测度分析。在本章中，我们在分析居民消费率的波动特征和区域差异的基础上，进行居民消费率的国际间比较，最后估计了我国的最优居民消费率。研究发现，我国实际居民消费率远低于理论最优居民消费率。

第五章为流动性约束对城镇居民消费的影响。在本章中，我们在生命周期假说和持久收入假说的基础上，应用门限回归模型实证分析了我国城镇居民消费行为特征，探讨了流动性约束对城镇居民消费的影响。研究发现，我国高收入居民和低收入居民的消费行为并不一致，高收入居民不具有过度敏感性，而低收入居民具有过度敏感性。进一步的分析表明，低收入居民对收入的过度敏感性不是由消费者的短视行为所引起的，而是由流动性约束所导致的。

第六章为消费信贷对城镇居民消费的影响。在本章中，我们对坎贝尔和曼昆模型进行拓展，构建了包含消费信贷因素的理论模型，而后利用我国各个省、自治区和直辖市 2004~2013 年的数据，建立 PSTR 模型实证分析消费信贷对城镇居民消费的影响。研究发现，城镇居民对于收入变化和消费信贷变化均具有过度敏感性，但是高收入群体的收入敏感系数和消费信贷敏感系数均低于低收入群体，而利率变动对居民消费行为的影响并不显著。并且居民对于收入变化和消费信贷变化具有过度敏感性并非是由消费者的短视行为所引起的，而是由流动性约束所导致的。

第七章为收入不确定性对城镇居民消费的影响。在本章中，我们首先从理论上分析了转型时期我国城镇居民面临的各种不确定性。其次，我们对收入不确定性进行了合理测度。最后，基于行为经济学的前景理论实证分析了收入不确定性对城镇居民消费的影响。研究发现，收入波动对城镇居民消费率的影响和预期有关。如果收入增长高于预期，将提高其消费率；反之，则将降低居民的消费率。此外，我国城镇居民的消费行为服从前景理论，好年份带来的正效用无法抵消坏年份带来的负效用。

第八章为我国城镇居民消费的风险分担与跨期平滑。在本章中，我们首先分析了改革开放后我国城镇居民消费率偏低的主因之一在于金融市场不完善；其次，在 Asdrubali（2008）的理论框架基础上，应用我国 1985~2011 年的省级数据，考察了我国不同地区和不同收入组城镇家庭消费的风险分担与跨期平滑情况。研究发现，我国城镇家庭消费不仅风险分担程度很低，而且其消费的跨期平滑是不完全的。

第九章为宏观政策对城镇居民消费的影响。在本章中，我们首先分析了财政政策对居民消费的影响。其次，我们在探讨财政政策对居民消费的作用机理的基础上，分析了我国财政支出规模和支出结构的现状特征与变化趋势，而后实证研究了财政政策对城镇居民消费的影响。最后，我们通过建立STR模型实证分析了货币政策变化对城镇居民消费的影响。

第十章为政策建议。我们提出如下政策建议：第一，发展消费信贷，减轻流动性约束对城镇居民消费的不利影响。第二，进一步完善社会保障制度，降低城镇居民的预防性储蓄动机。第三，稳定居民收入预期，降低收入不确定性。

第十一章为结论与展望。

目　录

第一章　导　论

消费是人类一个永恒的话题。消费不仅仅是生产的实现，同时也是人类社会存在和发展的基础。而我国当前正处于转型时期，经济上多种体制并存，尤其是多种体制的经济思想、经济流派并存，导致学术界、思想界无比复杂，出现了百家争鸣、百花齐放的态势；社会上则是各种社会矛盾冲突复杂、加剧，调整与调和难度增加。因此，研究我国转型时期城镇居民的消费问题不仅是一个单纯的经济学命题，同时也是一个政治命题和社会命题。

第一节　研究背景

消费、投资和净出口被称为拉动我国经济增长的“三驾马车”。长期以来，在这“三驾马车”的带动下，我国经济保持了30余年的快速增长势头。GDP由1978年的3645.22亿元上升至2016年的744127亿元，扣除物价因素，增长了30多倍。但是进入21世纪之后，特别是最近几年来，带动我国经济增长的“三驾马车”都或多或少地出现了问题。

(1) 净出口增长乏力。自2007年金融危机以来，全球经济增长速度趋于放缓，导致我国的外部需求疲软。2009年我国出口额和2008年相比大幅下降近20%。这虽然是我国为避免贸易摩擦对出口进行调控的结果，但主要原因是出口增长乏力。这几年我国的出口总额和净出口总额同时出现下滑的趋势，这一切迹象均表明，在世界各主要经济体增长乏力和欧元区各国的主权债务危机频现的国际大背景下，我国的净出口对经济的拉动作用将进一步减弱。

（2）国内高投资难以维系。我国是一个典型的依靠投资推动经济增长的国家。长期以来，投资一直在我国的经济成长中扮演重要角色。其主要原因在于：我国的国内需求结构高度失衡，低消费、高投资的发展格局一直困扰我国多年。自改革开放以来，我国最终消费在 GDP 中所占比重由 1978 年的 61.44%下降至 2015 年的 51.61%；而资本形成总额在 GDP 中所占比重则由 1978 年的不足 1/3 大幅上升至 2015 年的接近 1/2。[①] 但是，随着投资回报率的下降以及地方债务危机的凸显，这种依靠投资驱动的经济增长模式遇到了前所未有的困境，我国的国内高投资率很难再维持下去。

在世界经济增长逐步放缓、我国投资和出口日益趋于饱和的背景下，启动国内消费无疑具有重要意义。然而，我国居民消费增长却远低于同期 GDP 增长，居民消费率长期在低位徘徊（见图 1-1）。最终消费对 GDP 的贡献率逐步下滑，1979 年最终消费对 GDP 的贡献率高达 85.10%，而 2015 年这一数据滑落至 59.90%。而最终消费对 GDP 增长的拉动则由 1979 年的 6.40%下降至 2015 年的 4.14%。这意味着当前我国消费需求疲软，已成为我国经济长期健康运行的隐忧。

第二节　研究意义

在此背景下，深入研究转型时期我国城镇居民消费行为的作用机制及其决定因素，启动居民的消费需求具有重大的理论价值和丰富的现实意义。

---

① 资料来源：《中国统计年鉴》(2016)。

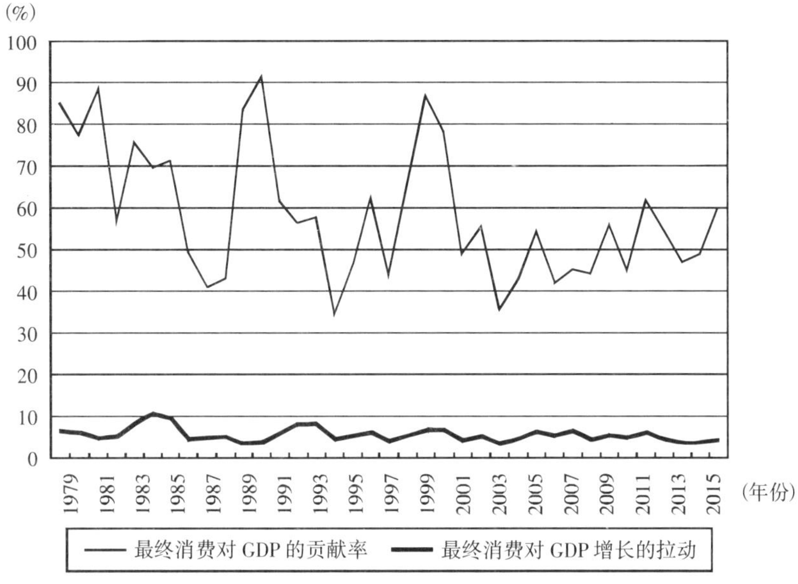

图 1-1 最终消费对 GDP 的贡献率及经济增长的拉动

资料来源：中经网统计数据库及《中国统计年鉴》(2016)。

一、理论意义

通过分析我国经济转型时期流动性约束、消费信贷和社会保障等因素对城镇居民消费率的影响，有助于更加全面地理解转型时期城镇居民的消费行为，有助于丰富和完善现有的消费理论。

二、实践意义

通过本书的研究，深入探讨我国城镇居民消费率偏低的成因，有利于我国发展新型消费业态，拓展新兴服务消费。同时有助于政府完善鼓励消费的政策，改善消费环境，保护消费者权益，提振我国内需。

通过本书的研究，深入探讨流动性约束和消费信贷对我国城镇居民消费的影响，有利于防范和规避城镇居民的不良消费信贷行为，防范消费信用风险。这样我国政府在发展消费金融市场、完善金融市场规章制度时将更具有科学性和前瞻性。

通过本书的研究，深入探讨收入不确定性和社会保障对我国城镇居民消费的影响，有助于政府当局制定和完善社会保障体系，为政府建立新型社会保障体系提供科学的决策依据和有益的理论参考。

第三节　研究思路

本书的研究思路为：文献回顾—现状分析—理论探讨—实证研究—政策引申。

在总结回顾国内外相关文献的基础上，本书首先分析了我国城镇居民消费的现状，并利用钱纳里标准测度了我国最优居民消费率，指出我国城镇居民消费率偏低；其次从理论上探讨了流动性约束、消费信贷、收入不确定性、社会保障等因素对城镇居民消费的影响；而后通过建立计量经济模型，实证分析了各种因素对城镇居民消费率的影响；最后在上述分析的基础上提出相关的政策建议。

第四节　研究内容

本书以国内外已有的相关研究成果为借鉴，在分析我国城镇居民消费现状特征和变动趋势的基础上，深入探讨转型时期我国城镇居民消费行为的作用机制及其决定因素，主要研究内容如下：

本书共十一章，主要内容如下：

第一章为导论。在本章中我们提出本书的研究背景和研究意义，指明本

书的研究思路、研究方法和主要的研究内容，最后提出本书的创新之处。

第二章为国内外文献回顾。在本章中，我们对国内外的相关文献进行了回顾和梳理，并且针对其优点和不足进行了简要述评。

第三章为我国城镇居民消费的现状、特征及其变动趋势。在本章中，我们首先从纵向时间维度探讨我国城镇居民消费水平增长的态势，其次从横向角度比较分析了不同地区城镇居民的消费水平和消费倾向，而后比较分析了不同收入水平城镇居民的消费差异，最后基于实地调研结果分析了我国居民现阶段的消费特征。

第四章为我国最优居民消费率的测度分析。在本章中，我们在分析居民消费率的波动特征和区域差异的基础上，进行居民消费率的国际间比较，最后估计了我国的最优居民消费率。研究发现，我国实际居民消费率远低于理论最优居民消费率。

第五章为流动性约束对城镇居民消费的影响。在本章中，我们在生命周期假说和持久收入假说的基础上，应用门限回归模型实证分析了我国城镇居民消费行为特征，探讨了流动性约束对城镇居民消费的影响。研究发现，我国高收入居民和低收入居民的消费行为并不一致，高收入居民不具有过度敏感性，而低收入居民具有过度敏感性。进一步的分析表明，低收入居民对收入的过度敏感性不是由消费者的短视行为所引起的，而是由流动性约束所导致的。

第六章为消费信贷对城镇居民消费的影响。在本章中，我们对坎贝尔和曼昆模型进行拓展，构建了包含消费信贷因素的理论模型，而后利用我国各个省、自治区和直辖市 2004~2013 年的数据，建立 PSTR 模型实证分析消费信贷对城镇居民消费的影响。研究发现，城镇居民对于收入变化和消费信贷变化均具有过度敏感性，但是高收入群体的收入敏感系数和消费信贷敏感系数均低于低收入群体，而利率变动对居民消费行为的影响并不显著。并且居民对于收入变化和消费信贷变化具有过度敏感性并非是由消费者的短视行为所引起的，而是由流动性约束所导致的。

第七章为收入不确定性对城镇居民消费的影响。在本章中，我们首先从理论上分析了转型时期我国城镇居民面临的各种不确定性。其次我们对收入不确定性进行了合理测度。最后基于行为经济学的前景理论实证分析了收入不确定性对城镇居民消费的影响。研究发现，收入波动对城镇居民消费率的影响和预期有关。如果收入增长高于预期，将提高其消费率；反之，则将降低居民的消费率。此外，我国城镇居民的消费行为服从前景理论，好年份带来的正效用无法抵消坏年份带来的负效用。

第八章为我国城镇居民消费的风险分担与跨期平滑。在本章中，我们首先分析了改革开放后我国城镇居民消费率偏低的主因之一在于金融市场不完善；其次在 Asdrubali（2008）的理论框架基础上，应用我国 1985~2011 年的省级数据，考察了我国不同地区和不同收入组城镇家庭消费的风险分担与跨期平滑情况。研究发现，我国城镇家庭消费不仅风险分担程度很低，而且其消费的跨期平滑是不完全的。

第九章为宏观政策对城镇居民消费的影响。在本章中，我们首先分析了财政政策对居民消费的影响。其次，我们在探讨财政政策对居民消费的作用机理的基础上，分析了我国财政支出规模和支出结构的现状特征与变化趋势，而后实证研究了财政政策对城镇居民消费的影响。最后，我们通过建立 STR 模型实证分析了货币政策变化对城镇居民消费的影响。

第十章为政策建议。我们提出如下政策建议：第一，发展消费信贷，减轻流动性约束对城镇居民消费的不利影响。第二，进一步完善社会保障制度，降低城镇居民的预防性储蓄动机。第三，稳定居民收入预期，降低收入不确定性。

第十一章为结论与展望。

第五节 研究方法

本书在研究进程中综合运用了多种研究方法，总体而言做到了三个结合：

（1）规范分析和实证分析相结合。本书在研究中试图以数据说话，探讨流动性约束、收入不确定性、社会保障等因素对城镇居民消费的影响时都是以实证分析为主，但同时也重视规范分析。本书在研究中尽量将西方的消费理论与我国城镇居民消费两者完美结合，力求规范分析更加深刻，实证分析更加准确。

（2）文献阅读与调查研究相结合。在研究前期，申请人对国内外有关居民消费行为的文献进行了阅读、梳理和述评，深入分析了影响居民消费行为的各种因素，试图为本书研究提供理论支撑。同时，申请人也对鄱阳湖生态经济区的部分居民进行了实地调研，获取了第一手研究资料以供分析。

（3）静态分析与动态比较分析相结合。比较分析主要包括横向比较和纵向比较，通过进行比较分析我们可以得到更多更有趣的结论，同时有利于开拓我们的研究视野。我国是一个非常典型的二元经济结构国家，本书在研究分析中，不仅对东部沿海地区和中西部内陆地区城镇居民的消费行为进行了横向比较分析，而且纵向比较了我国改革开放后不同时期城镇居民的消费特征，揭示了影响我国城镇居民消费决策的主要因素。

第六节 创新之处

本书的学术创新主要体现在以下几个方面：

第一，研究视角的全面。本书在研究过程中不仅从宏观视角进行探讨，而且注重微观分析。例如，本书在探讨流动性约束、消费信贷等因素对城镇居民消费的影响时应用的是宏观数据，而探讨社会保障对居民消费的影响时应用的是微观调查数据。在研究中不仅注意整体分析，也注重区域比较分析，从而使研究结果更加准确可靠。

第二，研究方法的创新。本书在研究中将经典的线性分析框架和非线性研究方法有机结合，从而可以更加有效地测度转型时期城镇居民消费行为的变迁。

第三，研究内容的创新。本书在研究中注重将西方的消费理论与转型时期我国城镇居民消费的实践有机结合。书中在探讨城镇居民消费的风险分担与跨期平滑时，发现不仅我国城镇家庭消费的风险分担程度很低，而且跨期平滑也不完全。这一做法将城镇居民消费行为在时间和空间两个维度上进行了有机统一，这一研究成果进一步解释了我国近年来出现的消费需求不足和高储蓄的现象。

第二章　国内外文献回顾

在本章中，我们将对国内外消费理论进行简要回顾，对已有的研究成果进行系统梳理，目的在于分析国内外消费问题的研究现状及其对我国的适用性，为深入研究转型时期我国城镇居民消费这一问题提供理论参考。

第一节　消费理论的发展与演进

在过去的近一个世纪里，国内外学者对居民消费这一问题进行了大量的研究，从而使消费理论得到了极大的发展，提出了大量关于居民消费方面的理论、假说以及相关模型。总体而言，居民消费理论的演进大致可以划分为三个阶段：第一阶段是 20 世纪 30 年代中后期到 50 年代中期，其代表性理论假说是凯恩斯（J. M. Keynes）的绝对收入假说（Absolute Income Hypothesis，AIH）和杜森贝里（J. Dusenberry，1949）的相对收入假说，他们的研究重点着眼于探讨即期收入与居民消费之间的关系；第二阶段是 20 世纪 50 年代中后期至 70 年代中期，以弗兰克·莫迪利阿尼（Franco Modigliani，1954）的生命周期假说和弗里德曼（Milton Friedman，1956）的持久收入假说为代表，他们将消费者的行为扩展到多期，侧重于分析消费者的跨期决策；第三阶段是 20 世纪 70 年代中后期至今，研究者们在卢卡斯的理性预期理论的基础上引入不确定性因素，研究不确定条件下消费者的最优决策。

一、绝对收入假说

早在20世纪30年代中期，著名经济学家凯恩斯就在其著作《就业、利息和货币通论》中对消费函数和消费者的消费支出行为进行了详尽的论述，进而提出了绝对收入假说。凯恩斯认为，影响消费者行为的主要有以下几个动机：①谨慎。消费者为了应付未来的不可知因素而进行储蓄。②远虑。消费者为应对将来的一些可测因素，如教育费用、医疗费用、住房和退休等进行储蓄。③收益。消费者通过适当减少当期消费而进行投资，获得投资性收入。④改善。消费者为了使将来的生活水准不低于当前水平而进行储蓄。⑤独立。消费者通过自身的储蓄行为来保持自己在经济等各方面的独立性。⑥投机。消费者将自身储蓄进行投机或投入企业经营来获得更多的收入。⑦自豪。消费者将财产遗赠给子孙后代或者他人而获得一种自豪感。⑧贪婪。消费者因为自身的节俭甚至吝啬而进行的一种储蓄行为。

凯恩斯还进一步指出："在短期中，消费者的收入与消费是相关的。即其收入决定其消费支出，而消费支出与收入之间的关系就是消费倾向；同时，随着消费者收入的增加，其消费也将相应增加，但消费的增长幅度低于其收入的增长幅度，消费增量在收入增量中所占的比重是递减的，也就是我们所说的边际消费倾向递减规律。"也就是说，随着居民可支配收入的增加，他们的消费支出也会随之增长，但消费支出的增长幅度将低于他们可支配收入的增长幅度，这就是所谓的绝对收入假说。

凯恩斯提出的绝对收入假说为消费函数理论的发展做出了重大贡献，但绝对收入假说也存在一定缺陷：第一，凯恩斯的绝对收入假说只进行短期分析，没有研究个人消费的跨期平滑行为，从而不能从长期、动态视角反映消费变动。第二，绝对收入假说以消费者的心理分析为基础，缺乏合适的微观基础。

二、相对收入假说

凯恩斯的绝对收入假说认为消费者的当期消费仅受当期收入影响，这一观点受到广大学者的质疑。美国著名经济学家杜森贝利（J. Dusenberry, 1949）在其著作《收入、储蓄和消费者行为理论》中提出了相对收入假说（Relative Income Hypothesis，RIH）。

杜森贝利认为："在稳定的收入增长时期，消费者的总储蓄率并不完全取决于其收入；储蓄率会受到利率、预期收入以及人口年龄结构等多种因素的影响；在短期中，居民储蓄率取决于居民现期收入与其高峰时期收入的比率，而边际消费倾向也取决于这一比率，这也就是短期中居民消费会有波动的主要原因；但由于消费的棘轮效应，消费者收入的减少对消费减少的作用并不大，而收入增加对消费增加的作用较大。由此，我们应该将消费的短期影响与长期影响结合在一起。"

杜森贝利进一步指出，人的消费行为模式容易受到多种主客观因素的影响。一方面，消费者的消费行为具有很强的示范效应（Demonstration Effect）。如果所有家庭（个人）的收入都增加1倍，那么他们在整个社会收入分配体系中所拥有的份额将保持不变；并且如果这些家庭（个人）继续将其同样比例的收入用于消费支出，其平均消费倾向（Average Propensity to Consume，APC）将保持不变。因此，经济社会中长期分配格局的持续稳定正是平均消费倾向（APC）保持平稳的重要原因，这可以用来解释长期消费函数。另一方面，家庭（个人）对收入变动的反应具有不对称性。一般而言，家庭（个人）对收入上升容易适应，而对收入下降则难以适应，这就是所谓的棘轮效应（Ratcheting Effect）。由于棘轮效应的存在，短期中即使消费者的收入暂时减少，消费者仍将设法维持其原有的生活水平，家庭（个人）在消费方面的下降幅度将低于他们收入的下降幅度。由此可知，在经济处于衰退阶段时，即使家庭（个人）收入水平较低，消费水平也很难下降，从而导致平均消费倾向仍然保持较高水平，该理论可以用来解释短期消费函数。

杜森贝利的相对收入假说也存在一定的局限性。相对收入假说认为国民经济在实现充分就业后，家庭（个人）收入水平的增长必然带来其消费支出的成比例增长。这一情形对于高收入阶层和在暂时性、意外性收入的条件下并不适用。而且相对收入假说认为消费行为具有棘轮效应，即不可逆性。然而，在现实经济生活中，经过一段时间后，收入水平的下降也仍然会导致消费支出的缓慢逆转。

三、生命周期假说

弗兰克·莫迪利阿尼（Franco Modigliani）和布伦贝格（Brumberg）在其著作《效用分析与消费函数——基于横截面数据的一个解释》（1954）提出了生命周期假说（Life Cycle Hypothesis，LCH）。

莫迪利阿尼和布伦贝格（1954）在假定消费者是理性人的基础上指出，消费者将根据其终生收入水平合理地安排其一生的消费与储蓄，从而达到消费者效用最大化的目的。因此，影响消费的不是消费者的当期收入，而是其终身收入。消费者是按照其预期寿命来合理配置收入中用于消费和储蓄的比重，即任一理性的消费者均将根据其预期的终生收入来确定生命中的各期消费。换言之，各个家庭的消费行为取决于这个家庭在其生命周期中可能获得的预期收入。

莫迪利阿尼和布伦贝格（1954）的生命周期假说与凯恩斯（1936）的绝对收入假说的一个重大区别在于：凯恩斯（1936）的绝对收入假说强调消费者即期消费支出与即期收入之间的关系，而莫迪利阿尼和布伦贝格（1954）的生命周期假说则侧重于分析家庭（个人）的即期消费支出与其终生预期收入之间的关系。前者侧重于短期分析，而后者侧重于长期分析。

莫迪利阿尼和布伦贝格（1954）的生命周期假说将消费者的一生分为年轻时期、中年时期和老年时期三个阶段。他们认为在年轻时期，其收入偏低，但预期将来收入可能增加。因此，这一时期，消费者将其收入的绝大部分用于消费支出，极端情况下甚至可能出现消费者借债进行消费，导致该时

期消费者的消费支出大于其收入。进入中年时期后，消费者收入增加，但其消费在整个收入中所占的比重趋于下降，储蓄增加。等到消费者退休后，其收入下降，消费将再次超过收入。因此，在消费者生命周期的不同阶段，消费在其收入中所占的比重将发生改变。

生命周期假说将消费者的消费支出与其终生预期收入联系起来，具有重大的意义。该理论假说能够很好地解释消费支出的长期稳定性和短期波动性。

四、持久收入假说

持久收入假说是由货币主义学者弥尔顿·弗里德曼于 1956 年提出来的。弗里德曼（1956）认为，消费者的消费支出并不取决于其即期收入，而是由消费者的持久性收入决定。换言之，消费者为了实现其终身效用最大化的目标，应该按照持久性收入而不是根据暂时性收入进行消费行为决策。

弗里德曼（1956）的持久收入假说认为："要正确分析消费者的支出行为，首先要区分两种收入：暂时性收入和持久性收入；与此同时，消费支出也要区分为暂时性消费支出和持久性消费支出。所谓暂时性收入是指不具有连续性、带有偶然性质的即期收入，如遗产、馈赠、意外所得等；而持久性收入是消费者可支配收入中可以预料到的且具有稳定性和连续性的收入。"

弗里德曼（1956）的持久收入假说认为暂时性消费和暂时性收入两者之间并不存在稳定的比例关系，而持久性消费和持久性收入之间却存着稳定的比例关系。这种比例关系取决于利息、消费者年龄、家庭结构、消费者偏好等多种因素。

弗里德曼（1956）的持久收入假说中所提出的持久性收入和暂时性收入取代了凯恩斯的绝对收入假说和杜森贝利的相对收入假说中的即期收入概念，解决了长期消费函数与短期消费函数之间的矛盾。

学者们在对消费行为进行实证研究的过程中，往往将莫迪利阿尼和布伦贝格（1954）的生命周期假说和弗里德曼（1956）的持久收入假说结合起来分析。

五、不确定性消费理论

莫迪利阿尼和布伦贝格（1954）的生命周期假说和弗里德曼（1956）的持久收入假说对研究消费者的支出行为具有重大意义。然而实证分析的结果并不尽如人意，一方面，生命周期假说和持久收入假说中很多变量无法直接观察；另一方面，生命周期假说和持久收入假说认为家庭（个人）的消费行为是以效用最大化为目标，为此家庭（个人）将在生命周期中进行消费的跨期平滑消费和储蓄优化，这些均是在确定性的理论框架下进行分析的。然而，由于不确定性的存在，上述理论假说在实证中未能得到有效支持，受到学者们的广泛质疑，由此消费理论扩展到不确定情形中。

1. 随机游走假说

霍尔（Hall，1978）根据卢卡斯批判的思想，将理性预期理论引入生命周期假说和持久收入假说之中，进而提出了随机游走假说（Stochastic Implications Hypothesis，SIH），也叫作理性预期的生命周期假说（Rational Expectation Life Cycle Hypothesis，RELCH）。

霍尔（Hall，1978）的随机游走假说将消费理论从确定性情景拓展到不确定性条件。生命周期假说和持久收入假说理论的最大缺陷是不能合理解释未来的不确定因素对人们消费行为的冲击和影响。为此，霍尔（Hall，1978）用随机游走的方法对其加以修正。他假定实际利率为不变常数，且为等于时间偏好的主观利率。基于此，他推导出消费者将按照理性预期假说进行行为决策，根据持久收入假说进行消费者效用最大化，那么其消费轨迹服从一个随机游走（Random Walking）过程，即人们无法根据消费者收入的变化来预测消费支出的变化。

Flavin（1981，1985，1993）对随机游走假说进行实证分析时发现，消费支出与收入滞后值之间具有显著的正相关关系，即消费支出对收入具有过

度敏感性（Excess Sensitivity）。

而 Campbell（1989，1990，1991）和 Deaton（1989，1992）等的实证分析却表明实际消费波动远小于预期，他们称这种现象为消费的过度平滑性（Excess Smoothness），用以解释随机游走消费理论与实证研究结果之间的矛盾。无论是消费的过度敏感还是过度平滑，均表明随机游走假说并不能完全解释消费行为。

2. 流动性约束假说

Zeldes（1989a，1989b）认为生命周期假说和持久收入假说均无法解释消费者在相同利率水平上进行的储蓄和借贷行为。在现实经济生活中，由于流动性约束的存在，导致家庭（个人）的消费支出比他们想进行的消费支出要少。即使流动性约束不在当期出现，但它在未来可能出现的事实同样会导致家庭（个人）降低其消费支出。

如果不存在流动性约束，当家庭（个人）的期望收入降低时，家庭（个人）可以通过借贷以避免其消费支出的大幅下降。然而，如果存在流动性约束，那么家庭（个人）收入的下降必然导致其消费支出的下降。因此，流动性约束的存在会导致家庭（个人）的消费减少，储蓄相应增加。

对于流动性约束产生的原因，Zeldes（1989a，1989b）认为主要源于以下几个方面：①家庭（个人）缺乏初始财富，从而导致他们无法将财富变现或者将财富进行抵押以获得贷款。②消费信贷市场存在信息不对称，从而导致消费信贷市场可能产生道德风险和逆向选择，最终导致市场利率过高。③消费本身存在问题。例如，消费信贷市场狭小，消费信贷的品种少、种类不够齐全。

Hayashi（1987）、Bacchetta（1990）、Gusio（1992）、Jappelli（1989，1994）、Shea（1995）、Bugarin（2002）和 Beaton（2009）的经验分析也都支持 Zeldes（1989a，1989b）的结论，认为流动性约束确实降低了居民消费。

3. 预防性储蓄假说

弗兰克·莫迪利阿尼的生命周期假说认为，人们进行储蓄的目的是维持其退休以后的生活。实证分析的结果表明，储蓄的另外一个重要动机是防止将来收入的大幅下降。因此，当消费者面临未来的风险或者不确定性时，他们在进行消费路径平滑决策时不仅要考虑到其持久性收入水平的多少，而且要分析其持久性收入在未来的波动情况。

Fisher（1956）和 Friedman（1957）很早就试图应用预防性储蓄动机来解释居民的消费和储蓄行为，随后预防性储蓄假说不断得到完善和发展。预防性储蓄假说认为，当消费者意识到其预期收入的不确定性越大时，他们越不可能按照霍尔（Hall，1978）理论来进行消费决策，此时他们主要依靠即期收入来配置消费和储蓄。换而言之，消费者面临的不确定性风险越大，其预防性储蓄动机越强烈。

Caballero（1991，1993）认为家庭（个人）面临的风险主要是其预期收入的波动。如果消费者是风险偏好型，那么他将根据其持久性收入的变化情况而相应地改变其消费路径，此时不存在消费过度平滑的情况；反之，如果消费者是风险规避型，他将进行预防性储蓄以避免将来可能面临的风险。Zeldes（1991，1992）通过建立具有常相对风险厌恶（Constant Relative Risk Aversion，CRRA）效用的计量模型分析消费者的预防性储蓄动机。他发现这些消费者对于预料到的收入变化具有过度敏感性，而对于未预料到的收入变化则具有过度平滑性特征。然而，Browning 和 Lusardi（1996）的观点则认为："就像许多消费者不会受到流动性约束影响一样，许多消费者由于拥有足够的资产或者是社会保障制度的完善，使得消费者的预防性储蓄动机并没有想象中重要。"

Kimball（1990）、Laibson（1997，2001）、Leland（1968）、Miller（1976）、Dynan（1993）等的实证分析也都证实了预防性储蓄动机的存在对消费有负面影响。

4. 缓冲库存储蓄假说

Deaton（1991）和 Carroll（1998，2000，2001）在流动性约束假说的基础上提出了缓冲库存储蓄假说（Buffer Stock Saving Hypothesis，BSSH）。他

们假定消费者具有预防性储蓄动机，而且预期未来收入具有稳定性，那么如果消费者缺乏耐心的话，他们的消费可能超过当期收入，此时就会出现 Deaton 和 Carroll 等所描述的缓冲库存储蓄行为。

Deaton（1991）和 Carroll（1998，2000，2001）的缓冲库存储蓄假说认为储蓄相当于一种缓冲库存，消费者愿意持有资产（储蓄）以便他们在收入较低的时期维持消费，而在高收入时期增加消费支出。具有缓冲库存储蓄的消费者一般会设定其财富对持久收入的目标值，如果财富低于该预期目标值，那么的预防性储蓄动机将战胜不耐心，消费者将增加储蓄；反之，如果消费者财富高于预期目标值，那么消费者将增加消费，降低储蓄。

Thaler（1988）和 Skinner（1988）都认为缓冲库存储蓄假说和持久收入假说相类似，两者均强调预防性储蓄对低收入水平的保障。Carroll（1998，2000，2001）的实证分析结果表明，缓冲库存储蓄假说适合于年龄低于 45 岁或 50 岁的消费者。这与美联储于 1983 年所做的消费金融调查的结论相一致。缓冲库存储蓄假说为我们研究消费行为提供了一种新的理论假说，但它的普适性和一般性不足，还需学者对这一理论假说进行补充和完善。

六、消费理论的简要述评

综观上述消费理论的发展与演进，我们可以发现以下特征：第一，学者们对消费者的行为决策分析由短期逐渐拓展到长期。凯恩斯的绝对收入假说和杜森贝利的相对收入假说均只注重探讨现期收入对消费的影响，而莫迪利阿尼的生命周期假说和弗里德曼的持久收入假说侧重分析持久性收入和预期收入对消费决策的影响。第二，研究者对消费者理性的假定也是逐渐变化的。绝对收入假说和相对收入假说实质上假定消费者是短视且非理性的，生命周期假说和持久收入假说则假定消费者是具有远见且完全理性的，而缓冲库存储蓄假说等模型又认为消费者是具有远见的有限理性行为人。第三，对消费者决策条件的设定经历了由确定性到不确定性的过程。无论是凯恩斯的绝对收入假说、杜森贝利的相对收入假说，还是莫迪利阿尼的生命周期假说、弗里德曼的持久收入假说，都研究确定性条件下消费者的行为决策，而流动性约束理论和预防性储蓄假说等都是分析不确定性条件下消费者的行为决策。

消费理论的演进与发展体现了国外学者对居民和家庭消费行为规律日益深入的理解，为经济学和消费决策理论的发展做出了巨大贡献。然而，上述消费理论、假说和模型都是基于西方发达国家市场经济比较发达、金融市场和消费信贷体系较为完善的基础之上。而我国目前正处于经济转型的过程中，一方面金融体系并不完善，消费信贷市场才刚刚兴起，另一方面城乡居民所面临的住房、教育、失业、医疗、养老等风险和不确定性较大。因此，在实际应用中，我们要注意将西方的消费理论与我国的实际情况相结合。

第二节 我国居民消费率偏低的成因剖析

对于我们居民消费率偏低的成因，学者们主要从收入分配、预防性储蓄、流动性约束和政府政策等方面进行剖析。

一、收入分配不平等

收入分配与消费之间的关系是经济学研究领域的一个焦点课题，新古典增长理论与后凯恩斯主义主要着眼于功能收入分配与消费之间的关系，他们认为偏向于资本所有者的收入分配格局将降低居民消费率，而偏向于劳动者的收入分配格局将提升居民消费率。因此，很多学者从收入分配不均的角度分析了我国居民消费率偏低这一现象，他们认为改革开放以后我国的收入分配差距快速扩大，其后果之一就是导致居民消费率过低。

陈斌开（2010，2012）在莫迪利阿尼的生命周期假说基础上，通过数值模拟和实证分析探讨了收入分配差距对我国居民消费的影响。他的研究结果

显示，随着居民收入水平的提高，我国居民的平均消费倾向和边际消费倾向将降低，且随着居民收入差距的拉大，其总体消费水平将降低。

王宋涛和吴超林（2012）通过建立离散选择模型实证分析了居民收入分配差距对居民消费的影响。他们发现，我国居民的边际消费倾向是一个复杂的非线性函数，但是缩小收入分配差距有利于提高居民的总体消费水平。

陈璋等（2011）在我国技术进步和经济结构不平衡的基础上，构建了投入产出模型，探讨我国居民收入分配差距与消费之间的关系。他们认为，调整当前的收入分配体制、缩小收入分配差距可以促进居民消费。

张全红（2009）以我国1992~2005年的资金流量表为基础，从收入分配差距和部门消费倾向等方面对我国不同部门的消费率进行了探讨。他的研究结果认为，居民收入在国民收入分配进程中所占的份额日益下降，以及居民收入分配差距的不断拉大是现阶段我国居民消费率下降的主因。

程磊（2011）在构建理论模型的基础上，利用单位根协整理论和向量误差修正模型（VECM），实证分析了收入分配差距变量对居民消费水平的影响。他发现收入分配差距对居民消费有一定负面影响，但在短期内城乡收入分配差距扩大反而对居民消费水平有微弱的促进作用。

段先盛（2009，2015）通过对国民收入进行重新核实，应用结构分解（SDA）方法对居民部门消费率进行分解，指出国民收入分配中可支配收入下降是造成我国居民消费率偏低的主因之一。

刘灵芝和马小辉（2010）在凯恩斯的绝对收入假说的基础之上，根据坎贝尔（Campbell，1989，1990，1991）的研究方法，探讨了农村居民收入分配差距和消费支出之间的关系。他们发现，现阶段我国农村收入分配差距恶化的趋势并不明显，收入分配差距对农村居民消费倾向的影响并不显著。

杨天宇和侯玘松（2009）利用我国分组的家庭及个人消费数据，在考虑通货膨胀因素的条件下用不同方法测度了居民个人的消费支出和总体消费支出，探讨了收入分配差距和消费之间的关系。他们认为收入分配差距对居民消费有显著影响，如果中低收入阶层居民的收入份额增加10%，则国内需求将增加 320 亿~560 亿元。

杨汝岱等（2007，2009）利用我国社会科学院经济所城乡家庭调查所得的微观数据，考察了收入分配差距和消费率之间的关系。他们发现，我国中等收入居民的边际消费倾向最高，而低收入阶层和高收入阶层居民的边际消费倾向都偏低，因此适度缩小居民收入分配差距将有助于提高当前我国居民的消费水平。

李扬和殷剑峰（2007）在分析我国资金流量表变动的基础上，从收入分配差距和各个部门储蓄倾向变动情况两方面分析了居民、企业和政府的消费与储蓄。他们研究发现，劳动收入份额的逐步下降和居民收入差距的扩大是我国消费不振的主因。

吴晓明和吴栋（2007）在以消费者期望效用极大化为目标的基础上，构建了我国居民的短视消费模型，定量分析了居民收入分配差距和居民消费之间的关系。他们发现，长期而言，居民收入差距扩大将显著降低居民的平均消费倾向。

臧旭恒（2005）在弗里德曼的生命周期假说基础上，建立了计量经济模型，探讨了我国收入分配差距和居民消费之间的关系。他的研究结果表明，收入分配差距和居民消费之间存在显著的负相关关系，在不损害我国经济效率的前提下，缩小收入分配差距有利于促进消费。

此外，李实（1999）、白暴力（2011）、胡日东（2002）、袁志刚（2002）、朱国林（2002）、杭斌（2004）、白重恩（2009a，2009b）等的实证研究也都认为收入差距扩大对居民消费率具有显著的负面效应。

二、不确定性或预防性储蓄视角

部分学者从消费者面临的未来不确定性和预防性储蓄这一视角探讨了该问题。改革开放以来，我国在经济增长方面取得了举世瞩目的成就，但是居民面临的不确定性也大大增强，住房、教育、失业、医疗、养老等方面的制度建设仍然落后于广大居民的需求。为了应对上述可能的风险，城乡居民强

化了他们的储蓄意愿而相应地减少了其当期的消费支出，从而导致居民消费率偏低。

徐会奇等（2013）选择心理偏差率作为工具测度了居民面临的未来不确定性及其对消费行为的影响。他的研究结果显示，我国东部地区、中部地区和西部地区的心理偏差率均在零值附近，但西部地区各个省份消费者的波动幅度略高于全国平均水平，说明不确定性因素对西部地区居民消费行为的影响最大。

杨瑞琼和杭斌（2012）通过空间计量经济模型，分析了我国城镇居民预防性储蓄的强度。他们发现城镇居民消费存在显著的空间关联性，且这种空间关联性将削弱居民收入对流动性约束的影响。因此，这种消费的空间关联性可以降低不确定性和流动性约束对我国城镇居民消费水平的影响。

杭斌等（2009a，2009b）将缓冲储备储蓄模型与习惯形成理论相结合，根据我国 1997~2007 年的城镇住户调查数据，实证分析了我国城镇居民的预防性储蓄行为。他们的研究结果表明，习惯形成和居民面临的不确定性都对城镇居民消费有重要影响。消费者的习惯形成参数与居民边际消费倾向呈负相关关系，且消费者的惯性越强，未来的不确定性对居民消费行为的影响越小。

田青（2008，2009，2011）利用我国 1998~2008 年各个省、自治区和直辖市的相关数据，分析了教育费用、医疗费用以及住房支出等不确定性因素对居民消费的影响。他的研究结果显示，教育费用、医疗费用以及住房支出等不确定性因素对居民消费有显著的负面影响。

周绍杰（2009，2010）认为，我国正处于由计划经济向市场经济转型的改革进程中，广大城镇居民面临收入和支出两方面的不确定性。这种未来的不确定性使得我国城镇居民的消费行为更加趋于谨慎，实证研究的结果也表明当前我国城镇居民具有十分强烈的预防性储蓄动机。

何立新等（2008）根据我国 1995~1999 年的城镇住户调查数据，实证分析了我国养老保险制度改革对居民消费和储蓄行为的影响。他们发现了我国对城镇企业工人的养老保险制度改革使得这些居民的财富发生显著变化，养老金财富对于这部分家庭的储蓄具有明显的替代效应，但不同年龄结构家庭的替代效应又具有差异性。

施建淮和朱海婷（2004）从消费者预期期望效用极大化角度出发，求解出不确定性条件下居民消费函数的解析解，进而推导出测度居民预防性动机强度的模型，然后利用我国 1999~2003 年 35 个大中城市消费数据，实证分析居民的预防性储蓄动机对消费的影响。他们发现，35 个大中城市的居民消费行为存在显著的预防性储蓄动机，但其预防性储蓄动机的强度低于人们的普遍预期。

罗楚亮（2004，2006）根据我国城镇住户调查数据，实证分析了经济转轨时期家庭（个人）面临的不确定性对其消费和储蓄行为的影响。他的研究发现，家庭（个人）面临的各种不确定性对他们的消费水平有十分显著的负面影响。

袁冬梅（2014）结合我国城镇居民的消费习惯等因素，将异质性假设引入预防性储蓄假说，并利用我国各个省、自治区和直辖市 1999~2011 年的省级数据构建动态面板模型，实证研究了城镇居民行为异质性条件下的预防性储蓄动机强度。她的研究结果认为，消费习惯、老年抚养比以及利率等因素均是影响城镇居民消费的重要变量，但对城镇居民的预防性储蓄动机影响并不显著。

陈冲（2014）从不确定性的定义出发，应用预期收入波动率来测度农村居民的收入不确定性，并基于消费行为学中的前景理论从不确定性程度、不确定性方向以及不确定性心理状态三个维度实证研究了收入波动对我国农村居民消费的影响。他的研究结果显示，收入的不确定性程度、不确定性方向以及不确定性心理状态均对农村居民的消费行为具有显著影响。其中，不确定性方向和不确定性心理状态的影响呈现非对称性，农村居民的消费行为对于“劣于预期”的负向不确定性和不确定性心理的未减弱状态表现得更加敏感。

此外，宋铮（1999）、龙志和（2000）、谢平（2000）、朱春燕（2001）、杜海韬（2005）、胡颖（2011）、白重恩（2012）等学者的研究也都认为由于居民面临的不确定性增加，我国城乡居民的消费率偏低。

三、人口年龄结构视角

由生命周期假说可知，进入劳动年龄之后，个人储蓄模式将呈现先上升后下降的倒“U”形趋势。因此，如果总人口中劳动年龄人口所占的比重较大，则意味着劳动人口所承担的赡养和抚育任务较轻，总抚养比相对较低，居民将具有较高的储蓄能力而导致居民消费率降低。由此可知，一个国家（地区）的人口年龄结构对居民消费率有着显著影响。因此，近年来很多文献从人口年龄结构的视角对我国居民消费率偏低的现象进行了探讨。

毛中根等（2013）在凯恩斯的绝对收入假说基础上，利用我国1996~2010年的省级数据建立面板数据模型，实证分析了人口年龄结构对我国居民消费的影响。他的研究结果表明，人口老龄化程度的提高对城镇居民消费有显著的负面影响，而对农村居民消费支出则无显著影响；老年抚养比对城镇居民消费有显著的负面影响，而对农村居民消费影响不显著；少儿抚养比对城乡居民消费支出均有显著的正面影响。

沈继红（2014）基于我国2000~2014年的省际数据，通过构建人口年龄结构对消费率影响的面板数据模型，探讨了人口年龄结构对居民消费率的影响。她的研究发现，少年抚养比上升对居民消费率有促进作用，而老年抚养比上升对居民消费率有抑制作用。

王宇鹏（2011）在消费跨期平滑理论的基础上，构建了探讨人口老龄化和平均消费倾向之间关系的理论模型，并利用我国2001~2008年的城镇居民消费数据进行了实证分析。研究结果显示，人口老龄化对我国城镇居民消费行为有显著影响，老年人口抚养系数对城镇居民的平均消费具有显著的正面影响，而少儿人口抚养系数对我国城镇居民消费行为的影响并不显著。

张乐和雷良海（2011）根据我国1989~2008年的省级数据建立面板数据

模型，实证分析了我国各个省份人口年龄结构与居民消费之间的关系。他们研究发现，我国少儿抚养系数对居民消费具有显著的正面影响，而老年抚养系数则对居民消费具有十分显著的负面影响。

王霞（2011）在莫迪利阿尼生命周期假说的基础上，根据我国2002~2008年的省级数据建立面板数据模型，实证分析了人口年龄结构对居民消费的影响。研究发现，我国老年抚养比对居民消费具有显著的负面影响，而少儿抚养比对居民消费则有显著的正面影响。

李响（2010）等在莫迪利阿尼生命周期假说的基础上，根据我国1993~2007年的时间序列的数据，实证分析了人口年龄结构对农村居民消费行为的影响。他们的研究结果表明，无论是老年抚养系数还是少儿抚养系数，均对我国农村居民消费具有十分显著的负面影响。

李春琦和张杰平（2009）在戴蒙得模型的基础上，根据我国1978~2007年的数据，探讨了人口年龄结构对农村居民消费行为的影响。他们的实证研究结果表明，无论是少儿抚养系数还是老年抚养系数，均对我国居民消费具有十分显著的负面效应。

李文星等（2008）根据我国1989~2004年的省级宏观数据，构建了动态面板数据模型，实证分析了我国人口年龄结构对居民消费行为的影响。他们研究发现，当前我国老年抚养系数变动对居民消费行为决策无显著影响，而少儿抚养系数则对居民消费行为有显著的负面冲击。

王金营和付秀彬（2006）根据我国1978~2003年的宏观经济数据构建计量经济模型，实证研究了人口年龄结构等因素对居民消费水平和消费结构的影响。他们的研究结果显示，随着人口老龄化程度的加剧，老年抚养系数对居民消费具有显著的负面影响。

郝君富（2014）利用我国1998~2010年的省际数据构建面板数据模型，实证分析了人口年龄结构变动对居民消费支出的影响。他的研究结果表明，少儿抚养比和老年抚养比都对消费支出具有显著的负面影响，但该影响会随着市场化程度的深入而逐步消退。

范兆媛（2016）利用我国 2004~2014 年的省际数据，通过构建面板数据模型实证分析了人口年龄结构、城镇化对居民消费率的影响。他们发现，人口城镇化水平的提高有助于提高我国居民的消费率，但是区域城镇化以及经济城镇化对消费率的影响并不显著。而无论是少儿抚养比还是老年抚养比，对居民消费率均有负面影响。

此外，袁志刚（2000）、张东刚（2003）、王德文（2004）、王学义（2013）、舒尔茨（2005）等的研究结果也证实，中国的低消费率与人口年龄结构高度相关，由此他们推断人口年龄结构的变化是我国居民消费率偏低的重要原因。

四、政府支出视角

政府政策是政府调控宏观经济的重要手段之一。自 1997 年东亚金融危机之后，内需不足一直是困扰各国政府以及学者的重要课题，政府频繁使用各种经济政策启动内需。因此，很多学者从政府支出这一视角探讨了我国居民消费率偏低这一问题。归纳起来，学者们关于政府支出对居民消费率的影响有以下三种观点：

第一，政府支出对居民消费有挤入效应。部分学者认为，积极的财政政策、合理扩大政府财政支出能够有效地刺激国内消费，从而提高居民消费率。例如，李广众（2005）利用单位根和协整理论对政府支出和居民消费之间的关系进行了实证分析。他的研究结果显示，我国城乡居民消费具有显著的二元特征。在短期内政府支出对城镇居民消费具有显著的挤入效应，而政府支出对农村居民消费则无显著影响。李春琦和唐哲一（2010）根据我国 1978~2006 年的宏观经济数据，构建自回归移动平均模型（ARMA 模型）实证分析政府财政支出行为对居民消费的影响时发现，政府在行政管理等方面的支出对居民消费具有显著的挤出效应，而文化教育、经济建设等方面的支出对居民消费具有显著的拉动效应，政府的转移支付对居民消费也有一定的拉动效应。储德银和童大龙（2012）在 Tagkalakis 研究的理论框架下，根据我国各个省、自治区和直辖市 1999~2009 年的宏观经济数据建立面板数据模型，实证分析了流动性约束对居民消费的影响。他们的研究结果显示，政府政策冲击对我国居民消费具有显著的非对称性效应。臧旭恒和李燕桥（2012）在拓展的坎贝尔和曼昆（C-M 模型）消费函数理论的基础上，根据我国各个省、自治区和直辖市 2004~2009 年的宏观经济数据建立面板数据模型，实证分析了消费信贷对城镇居民消费的影响。他们的研究结果显示，城镇居民消费对货币政策和信贷水平变动具有显著的过度敏感性。储德银和闫伟（2009）的实证研究也发现，地方政府的购买性财政支出和转移性财政支出对农村居民消费均具有显著的拉动作用。王云清和朱启贵（2012）在新凯恩斯主义理论的框架下，通过加入深度消费习惯这一要素，建立动态随机均衡模型分析我国财政政策变化对居民消费的影响时发现，在考虑深度消费习惯的条件下，政府支出对居民消费率的提高有显著影响。王立勇和高伟（2009）利用马尔科夫机制转移模型，实证分析了我国政府支出对居民消费的影响。他们研究发现，我国财政政策具有十分显著的非线性效应。政府消费在 1978~1980 年和 1984~1997 年两个时间段对居民消费具有显著的非凯恩斯效应。与此同时，税收对居民消费也有非凯恩斯效应，但效果并不显著。而政府投资性支出则对居民消费无显著的非线性效应。潘彬（2006）、楚尔鸣（2008）的研究结果也发现，扩大政府财政支出能够有效地刺激消费，提高居民消费率。

第二，政府支出对居民消费有挤出效应。支持该观点的代表性文献有：申琳和马丹（2007）在 Frenkel 和 Razin（1996）研究的基础上，根据我国 1978~2005 年的宏观经济数据实证分析了政府支出对居民消费的影响。他们的研究结果显示，经由消费倾斜渠道的政府支出将促进居民消费增加，而经由资源撤出渠道的政府支出将导致居民消费水平下降，而从总体来看政府支出对居民消费具有显著的挤出效应。徐忠等（2010）等认为我国居民消费率水平偏低的主要原因在于，国有企业赢利能力增强后，政府的赢利性动机导致其提高公共部门储蓄，减少现期消费，从而降低居民消费。黄赜琳（2005）

利用随机动态一般均衡方法将政府支出作为外生随机冲击变量引入模型，模拟结果发现改革开放后政府支出对居民消费产生了一定程度的挤出效应。

第三，从财政支出结构层面分析，不同类型的财政支出对居民消费的效应不同。例如，官永彬和张应良（2008）在消费者跨期最优消费行为理论的框架下，根据我国 1978~2006 年的宏观经济数据，利用单位根、协整理论对政府支出和城乡居民消费之间的关系进行了实证分析。研究结果表明，政府转移支付和投资性支出对城乡居民消费均具有正向促进作用，而政府的消费性支出对城乡居民消费则具有显著的挤出效应。胡永刚和郭新强（2012，2013）在含有流量和存量两部分政府生产性支出的内生增长理论模型的基础上，通过数值仿真模拟和实证分析探讨了政府财政政策对居民消费的影响。他们研究发现，政府支出一方面会提高税负，降低居民可支配收入，从而对居民消费具有挤出效应；另一方面政府的生产性支出将提高居民可支配收入，从而对居民消费具有挤入效应。武晓利（2014）在动态随机一般均衡模型框架下分析了政府支出对居民消费的影响，他的研究结果表明，政府消费性支出降低了居民消费率，而转移支付、服务性支出和投资性支出均能提高居民消费率。张治觉等（2007）的研究也显示，政府的转移支付和消费性支出能产生挤入效应，从而提高居民消费率，而政府投资性支出则具有显著的挤出效应，将降低居民消费率。

此外，刘溶沧（2001）、胡书东（2002）、石柱鲜（2005）、王君斌（2011）和王文甫（2010）的研究也都证实政府的支出对居民消费有显著影响。

五、关于我国居民消费率偏低成因的简要述评

纵观上述文献，我们可以发现学者们的研究具有以下特点：

（1）从研究方法来看，20 世纪末 21 纪初的研究者多在时间序列分析框架内进行实证分析，采用的方法大多是单位根理论、协整理论、脉冲响应和方差分析等；2000 年以后，学者们开始应用面板数据模型进行研究，分析方法大多采用固定效应模型、随机效应模型和广义矩法（GMM）。

（2）从研究数据来看，绝大多数文献均采用宏观数据进行分析，而近几年来越来越多的文献采用家庭调查数据进行分析，极大地丰富了该领域的微观实证研究。

但是上述研究均忽略了制度变革对居民消费的影响。在我国经济发展和社会转型的进程中，我国的经济体制、收入分配体系、产业结构以及思想观念都在发生转变，从而导致各种经济体制落后于经济的发展以及广大居民的需求，由此导致城镇居民消费行为发生变化。而本书正是从这一视角切入，分析转型时期我国城镇居民消费行为的特征。

第三章　我国城镇居民消费的现状、特征及其变动趋势

改革开放以来，随着我国经济不断发展，人民群众的收入稳步提高，我国城镇居民的生活水平获得了根本性的改善，消费水平逐步提高，为此我们从城镇居民的消费水平、平均消费倾向等方面来分析我国居民消费的现状、特征及其变动趋势。

第一节　我国城镇居民消费水平的总体特征

我国城镇居民的收入水平增长很快，城镇居民年人均可支配收入由1978年的343.40元上升到2000年的6279.98元，2015年更是进一步上升至31195.00元，扣除物价因素，上升了16.86倍。另外，我国城镇居民的消费水平增长很快。年人均消费支出由1978年的311.20元上升到2000年的4998.00元，2015年更是进一步上升至21392.00元，也上升了近13倍（见表3-1）。

表3-1　我国城镇居民的收入和消费水平

单位：元

年份	城镇居民年人均消费支出	城镇居民年人均可支配收入
1978	311.2000	343.4000

续表

年份	城镇居民年人均消费支出	城镇居民年人均可支配收入
1979	361.8000	405.0000
1980	412.4000	477.6000
1981	456.8000	500.4000
1982	471.0000	535.3000
1983	505.9000	564.6000
1984	559.4000	652.1000
1985	673.2000	739.1000
1986	799.0000	900.9000
1987	884.4000	1002.1000
1988	1104.0000	1180.2000
1989	1211.0000	1373.9000
1990	1278.8900	1510.1600
1991	1453.8000	1700.6000
1992	1671.7000	2026.6000
1993	2110.8000	2577.4000
1994	2851.3000	3496.2000
1995	3537.5700	4282.9500
1996	3919.5000	4838.9000
1997	4185.6000	5160.3000
1998	4331.6000	5425.1000
1999	4615.9000	5854.0000
2000	4998.0000	6279.9800
2001	5309.0100	6859.6000
2002	6029.9200	7702.8000
2003	6510.9400	8472.2000
2004	7182.1000	9421.6000
2005	7942.8800	10493.0000
2006	8696.5500	11759.5000
2007	9997.4700	13785.8000

续表

年份	城镇居民年人均消费支出	城镇居民年人均可支配收入
2008	11242.8500	15780.8000
2009	12264.5500	17174.6500
2010	13471.4500	19109.4400
2011	15161.0000	21810.0000
2012	16674.3200	24565.0000
2013	18023.0000	26467.0000
2014	19968.5100	28843.8500
2015	21392.0000	31195.0000

资料来源：中经网统计数据库，http：//db.cei.gov.cn/。

从总体上来看，我国城镇居民的收入水平和消费水平呈现出不断提高与逐年增长的态势。进一步分析可以发现，我国城镇居民消费水平的增长呈现出波动性发展特点。笔者认真分析了1978~2015年我国城镇居民收入和消费水平的演变情况，发现消费水平的变动大致可以分为以下三个阶段：

第一阶段为1978~1985年，这时期我国城镇居民收入水平高速增长，消费水平开始复苏。党的十一届三中全会以后，我国城镇居民收入不断提高，年人均可支配收入由1978年的343.40元增加到1985年的739.10元，扣除物价因素，增长了34%，年均增长速度约6%，这段时间是我国历史上城镇居民收入增长最快的时期。另外，我国城镇居民在经历了长期的消费压抑后，随着居民收入水平的大幅度提高，刺激了居民消费的需求，消费性补偿倾向十分明显，几乎对所有的消费商品都有强烈的带动，导致了各项消费的全面增长，城镇居民的年人均消费支出由1978年的311.20元增加到1985年的673.20元。

第二阶段为1986~1996年，我国城镇居民的收入水平和消费水平都高速增长。这一期间，城镇居民年人均可支配收入由1986年的900.90元增加到1996年的4838.90元，扣除物价因素，增长了248%，年均增长速度约11.34%。同期，我国城镇居民年人均消费支出由1986年的799.00元增加到

1996年的3919.50元，扣除物价因素，增长了197.25%，年均增长速度约9.89%。

第三阶段为1997~2015年，我国城镇居民的收入水平和消费水平开始逐步放缓。这一期间，城镇居民年人均可支配收入由1997年的5160.30元增加到2015年的31195.00元，扣除物价因素，增长了152.69%，年均增长速度约5.47%。随着居民收入水平增速的放缓，我国城镇居民消费的需求增长水平也趋于下降。同期，城镇居民年人均消费支出由1997年的4185.60元增加到2015年的21392.00元，扣除物价因素，增长了101.31%，年均增长速度仅为4.25%。

进一步，我们分析我国城镇居民平均消费倾向的变化趋势。数据资料显示（见表3-2），1978~2014年，我国城镇居民平均消费倾向为0.8186，但是我国城镇居民的平均消费倾向随着收入水平的提高呈下降趋势。1978~1985年，城镇居民的平均消费倾向始终保持在0.88以上；1986~1996年，城镇居民的平均消费倾向由高峰时期的0.9354下降到1996年的0.8099；1997~2015年，城镇居民的平均消费倾向更是一路下滑，由1997年的0.8111大幅降至2015年的0.6858。

农村居民平均消费倾向与城镇居民平均消费倾向的变化趋势并不完全相同，虽然从总体来看都是随着收入水平的提高呈下降趋势，但是农村居民的平均消费倾向下降速度更缓慢。1978~1996年，农村居民的平均消费倾向基本保持在0.80以上（仅有1984和1985两个年度低于这一数值），而1997~2015年，农村居民的平均消费倾向基本保持平稳态势，由1997年的0.7737降至2015年的0.7613。

表3-2　我国城乡居民平均消费倾向

年份	城镇居民平均消费倾向	农村居民平均消费倾向
1978	0.9062	0.8687
1979	0.8933	0.8396
1980	0.8634	0.8479

续表

年份	城镇居民平均消费倾向	农村居民平均消费倾向
1981	0.9128	0.8541
1982	0.8798	0.8153
1983	0.8960	0.8014
1984	0.8578	0.7706
1985	0.9108	0.7983
1986	0.8868	0.8422
1987	0.8825	0.8609
1988	0.9354	0.8747
1989	0.8814	0.8900
1990	0.8468	0.8518
1991	0.8548	0.8746
1992	0.8248	0.8408
1993	0.8189	0.8351
1994	0.8155	0.8327
1995	0.8259	0.8305
1996	0.8099	0.8161
1997	0.8111	0.7737
1998	0.7984	0.7355
1999	0.7885	0.7136
2000	0.7958	0.7411
2001	0.7739	0.7357
2002	0.7828	0.7409
2003	0.7685	0.7410
2004	0.7623	0.7440
2005	0.7569	0.7850
2006	0.7395	0.7886
2007	0.7252	0.7786
2008	0.7124	0.7689
2009	0.7141	0.7749

续表

年份	城镇居民平均消费倾向	农村居民平均消费倾向
2010	0.7049	0.7402
2011	0.6951	0.7483
2012	0.6787	0.7462
2013	0.6822	0.7547
2014	0.6865	0.7592
2015	0.6858	0.7613

资料来源：根据中经网统计数据整理计算得到。

第二节　我国城镇居民消费的区域特征

我国幅员辽阔，各个地区之间的自然、地理条件不同，社会、经济和文化发展水平也不一致。相应地，我国各个地区之间城镇居民的收入水平、消费水平也具有鲜明的区域特征。在本节，我们将着重考察不同地区城镇居民消费的差异，并分析其原因。根据经济发展水平和地域的差异，将全国划分为东部地区、中部地区和西部地区。其中，东部地区包括北京、天津、河北、辽宁、上海、江苏、浙江、福建、山东、广东和海南 11 个省、市；中部地区包括吉林、黑龙江、山西、安徽、江西、河南、湖北和湖南 8 省；西部地区包括广西、重庆、四川、贵州、云南、陕西、甘肃、青海、内蒙古、宁夏、西藏和新疆 12 个省、市、自治区。

1985 年我国城镇居民的人均可支配收入为 725.92 元。其中，东部地区城镇居民的人均可支配收入最高，为 807.87 元；中部地区次之，为 645.90

元；西部地区为 702.20 元。①

从消费支出来看，1985 年我国城镇居民的人均消费支出为 676.47 元。其中，东部地区城镇居民的人均消费支出最高，为 762.49 元；中部地区次之，为 596.70 元；西部地区为 645.66 元（详细的分省数据见表 3-3）。

表 3-3　1985 年我国各省市区城镇居民的收入和消费水平

单位：元

地区	城镇居民收入	城镇居民消费
北京	907.7200	923.3200
福建	733.3100	648.4800
广东	954.1200	889.5600
海南	778.0000	757.0000
河北	630.7500	605.5200
江苏	765.7600	719.5900
山东	667.1300	667.1300
上海	1075.0000	992.0000
天津	875.5200	770.6400
浙江	795.0000	795.0000
黑龙江	742.0000	651.4000
吉林	562.6800	554.1500
辽宁	704.3000	619.2100
安徽	633.8500	565.7000
河南	560.9500	556.7200
湖北	704.1600	644.2000
湖南	760.8000	685.3200
江西	583.4400	520.8000
山西	595.3000	595.3000
甘肃	640.7700	625.2100
广西	683.4500	663.7400

① 原始数据来源于中经网统计数据库，平均值均为课题组成员计算得到。

续表

地区	城镇居民收入	城镇居民消费
贵州	682.2700	617.5200
内蒙古	676.6400	594.8200
宁夏	734.8800	645.0000
青海	749.3700	678.7100
陕西	650.0000	584.8000
四川	695.0000	680.0000
新疆	757.3500	663.2300
云南	752.2900	703.5600

资料来源：中经网统计数据库。

2015 年，我国城镇居民的人均可支配收入为 31195.00 元，扣除物价因素，比 1985 年增加了 417.23%。其中，东部地区城镇居民的人均可支配收入最高，为 38614.24 元；中部地区次之，为 28951.13 元；西部地区最低，仅为 26417.51 元。

从消费支出来看，2015 年我国城镇居民的人均消费支出为 21392.00 元，扣除物价因素，比 1985 年增加了 307.46%。其中，东部地区城镇居民的人均消费支出最高，为 25687.16 元；中部地区次之，为 19747.34 元；西部地区最低，仅为 18266.02 元[①]（详细的分省数据见表 3–4）。

表 3–4　2015 年我国各省市区城镇居民的收入和消费水平

单位：元

地区	城镇居民收入	城镇居民消费
北京	52859.17	31632.23
福建	34101.35	22306.18
广东	26152.16	14970.03
海南	25827.72	13762.70
河北	30594.10	19243.98

① 原始数据来源于中经网统计数据库，平均值均为课题组成员计算得到。

续表

地区	城镇居民收入	城镇居民消费
江苏	31125.73	19318.42
山东	24900.86	15940.69
上海	24202.62	15704.09
天津	52961.86	32447.19
浙江	37173.48	22262.34
黑龙江	43714.48	25253.51
吉林	26935.76	14593.65
辽宁	33275.34	20564.70
安徽	26500.12	13842.95
河南	31545.27	16646.47
湖北	25575.61	15248.82
湖南	27051.47	15334.47
江西	28838.07	16867.25
山西	34757.16	21621.46
甘肃	26415.87	14470.08
广西	26356.42	15833.50
贵州	26205.25	16098.17
内蒙古	24579.64	13768.22
宁夏	26373.23	14862.33
青海	25456.63	13678.63
陕西	26420.21	16398.59
四川	23767.08	14411.35
新疆	24542.35	16223.36
云南	25186.01	15806.87

资料来源：中经网统计数据库。

进一步，我们比较分析我国不同地区城镇居民平均消费倾向的变化趋势。数据资料显示，1985~2015 年，我国不同地区城镇居民平均消费倾向均随着收入水平的提高呈下降趋势。其中，东部地区城镇居民的平均消费倾向下降幅度最大，由 1985 年的 0.9493 变为 2015 年的 0.6547，降幅高达 30%；中部地区由 0.9295 下降至 0.7153；西部地区则由 0.9194 下降至 0.7002。从横向比较来看，我国不同地区城镇居民的平均消费倾向都较为接近，东部地区的平均消费倾向略低，而中西部地区的平均消费倾向稍高（见表 3-5）。

表 3-5　我国不同地区城镇居民平均消费倾向

年份	东部地区城镇居民平均消费倾向	中部地区城镇居民平均消费倾向	西部地区城镇居民平均消费倾向
1985	0.9493	0.9295	0.9194
1986	0.9357	0.9065	0.8922
1987	0.9330	0.9074	0.8887
1988	0.9729	0.9575	0.9709
1989	0.9270	0.9100	0.8913
1990	0.8979	0.8793	0.8629
1991	0.9001	0.8896	0.8798
1992	0.8531	0.8507	0.8237
1993	0.8473	0.8411	0.8243
1994	0.8397	0.8407	0.8270
1995	0.8489	0.8519	0.8386
1996	0.8317	0.8373	0.8259
1997	0.8366	0.8422	0.8286
1998	0.8252	0.8334	0.8073
1999	0.8118	0.8206	0.8044
2000	0.8045	0.8306	0.8194
2001	0.7967	0.8199	0.7971
2002	0.7840	0.8086	0.8079
2003	0.7718	0.7973	0.7882
2004	0.7658	0.7931	0.7844
2005	0.7465	0.7865	0.7795
2006	0.7434	0.7772	0.7572
2007	0.7362	0.7660	0.7386

续表

年份	东部地区城镇居民平均消费倾向	中部地区城镇居民平均消费倾向	西部地区城镇居民平均消费倾向
2008	0.7258	0.7529	0.7303
2009	0.7046	0.7524	0.7334
2010	0.6941	0.7303	0.7233
2011	0.6834	0.7175	0.7027
2012	0.6780	0.7258	0.7094
2013	0.6678	0.7183	0.7018
2014	0.6576	0.7108	0.6941
2015	0.6547	0.7153	0.7002

资料来源：根据中经网统计数据整理计算得到。

第三节 不同收入水平城镇居民的消费特征

进一步，本书分析不同收入群体家庭的收入和消费情况。在这里，我们把所有的城镇家庭按照年相对收入进行不等距七组划分，即将调查中的所有城镇家庭按照相对收入排序后分为七个收入组。各个收入组所占总调查家庭的比重分别为：最低收入户10%、低收入户10%、中等偏下收入户20%、中等收入户20%、中等偏上收入户20%、高收入户10%和最高收入户10%（其中，最低收入户中还包括5%的困难户）。

1997年我国城镇居民人均可支配收入为5160.30元。其中，最高收入户家庭的人均可支配收入为10250.93元，最低收入户家庭的人均可支配收入为2430.24元，困难户家庭的人均可支配收入仅为2161.11元，最高收入户家庭的人均可支配收入为最低收入户家庭的4.22倍，是困难户家庭的4.74倍。2012年我国城镇居民人均可支配收入为23810.00元，扣除物价因素，比

1997 年增加了约 40%。其中，最高收入户家庭的人均可支配收入为 63824.15 元，最低收入户家庭的人均可支配收入 8215.09 元，困难户家庭的人均可支配收入仅为 6520.03 元，最高收入户家庭的人均可支配收入为最低收入户家庭的 7.77 倍，是困难户家庭的 9.79 倍。由此可见，我国城镇居民的收入差距在不断扩大（见表 3–6）。

表 3–6　我国城镇居民不同收入组家庭的人均可支配收入

单位：元

年份	困难户	最低收入户	低收入户	中等偏下收入户	中等收入户	中等偏上收入户	高收入户	最高收入户
1997	2161.1100	2430.2400	3223.3700	3966.2300	4894.6600	6074.1700	7460.7000	10250.9300
1998	2198.8800	2476.7500	3303.1700	4107.2600	5118.9900	6404.9000	7877.6900	10962.1600
1999	2325.7000	2617.8000	3492.2700	4363.7800	5512.1200	6904.9600	8631.9400	12083.7900
2000	2325.0500	2653.0200	3633.5100	4623.5400	5897.9200	7487.3700	9434.2100	13311.0200
2001	2464.8000	2802.8300	3319.7000	4946.6000	6366.2400	8164.2200	12662.6000	15114.8500
2002	1957.4600	2408.6000	3032.1100	4931.9600	6656.8100	8869.5100	15459.4900	18995.8500
2003	2098.9200	2590.1700	3295.3800	5377.2500	7278.7500	9763.3700	17471.7900	21837.3200
2004	2312.5000	2862.3900	3642.2400	6024.1000	8166.5400	11050.8900	20101.5500	25377.1700
2005	2495.7500	3134.8800	4017.2800	6710.5800	9190.0500	12603.3700	22902.3200	28773.1100
2006	2838.8700	3568.7300	4567.0500	7554.1600	10269.7000	14049.1700	25410.8000	31967.3400
2007	3357.9100	4210.0600	6504.6000	8900.5100	12042.3200	16385.8000	22233.5600	36784.5100
2008	3734.3500	4753.5900	7363.2800	10195.5600	13984.2300	19254.0800	26250.1000	43613.7500
2009	4197.5800	5253.2300	8162.0700	11243.5500	15399.9200	21017.9500	28386.4700	46826.0500
2010	4739.1500	5948.1100	9285.2500	12702.0800	17224.0100	23188.9000	31044.0400	51431.5700
2011	5398.1700	6876.0900	10672.0200	14498.2600	19544.9400	26419.9900	35579.2400	58841.8700
2012	6520.0300	8215.0900	12488.6200	16761.4300	22419.1000	29813.7400	39605.2200	63824.1500

资料来源：历年《中国统计年鉴》和中经网统计数据库。

1997 年我国城镇居民人均消费支出为 4185.60 元。其中，最高收入户家庭的人均消费支出为 7314.81 元，最低收入户家庭的人均消费支出为 2333.00 元，困难户家庭的人均消费支出仅为 2148.00 元，最高收入户家庭的人均消

费支出为最低收入户家庭的 3.14 倍，是困难户家庭的 3.41 倍。2012 年我国城镇居民人均消费支出为 15472.45 元，扣除物价因素，比 1996 年增加了约 30%。其中，最高收入户家庭的人均消费支出为 37661.68 元，最低收入户家庭的人均消费支出为 7301.37 元，困难户家庭的人均消费支出仅为 6366.78 元，最高收入户家庭的人均消费支出为最低收入户家庭的 5.16 倍，是困难户家庭的 5.92 倍。由此可见，我国城镇居民的消费支出差距也在不断扩大（见表 3–7）。

表 3–7　我国城镇居民不同收入组家庭的人均消费支出

单位：元

年份	困难户	最低收入户	低收入户	中等偏下收入户	中等收入户	中等偏上收入户	高收入户	最高收入户
1997	2148.0000	2333.0000	2895.3900	3427.4500	4064.5500	4822.1500	5709.5400	7314.8100
1998	2214.5000	2397.6000	2979.3000	3503.2000	4179.6000	4980.9000	6003.2000	7594.0000
1999	2327.5000	2523.1000	3137.3000	3694.5000	4432.5000	5347.1000	6443.3000	8262.4000
2000	2320.4000	2540.1000	3274.9000	3947.9000	4794.6000	5894.9000	7102.3000	9250.6000
2001	2450.9000	2691.0000	3064.4000	4197.5700	5131.5500	6241.5000	8624.0000	9834.2000
2002	2687.4000	2987.2000	2826.0200	4205.9900	5452.9400	6939.9500	11023.1100	11224.3000
2003	2237.2700	2562.3600	3066.7700	4557.8200	5848.0200	7547.3100	12066.9400	14515.6800
2004	2441.1200	2855.1500	3396.2800	5096.1500	6498.3600	8345.7000	13753.1400	16841.8200
2005	2656.4100	3111.4700	3708.2600	5574.3200	7308.0600	9410.7700	15575.8800	19153.7300
2006	2953.2700	3422.9800	4102.6600	6108.3300	7905.4100	10218.2500	17050.0900	21061.6800
2007	3447.6800	4036.3200	5634.1500	7123.6900	9097.3500	11570.3900	15297.7300	23337.3300
2008	3862.7200	4532.8800	6195.3200	7993.6700	10344.7000	13316.6300	17888.1800	26982.1300
2009	4256.8100	4900.5600	6743.0900	8738.7900	11309.7300	14964.3700	19263.8800	29004.4100
2010	4715.3300	5471.8400	7360.1700	9649.2100	12609.4300	16140.3600	21000.4200	31761.6300
2011	5575.5600	6431.8500	8509.3200	10872.8300	14028.1700	18160.9100	23906.2100	35183.6400
2012	6366.7800	7301.3700	9610.4100	12280.8300	15719.9400	19830.1700	25796.9300	37661.6800

资料来源：历年《中国统计年鉴》和中经网统计数据库。

数据资料显示，我国城镇居民的平均消费倾向随着收入水平的提高呈下降趋势。1997~2012 年，我国城镇居民平均消费倾向为 0.81。困难户、最低收入户、低收入户、中等偏下收入户、中等收入户、中等偏上收入户、高收入户和最高收入户的平均消费倾向分别为 0.98、1.05、0.89、0.83、0.79、0.75、0.70 和 0.65（见表 3–8）。

表 3–8　我国城镇居民不同收入组家庭的平均消费倾向

年份	困难户	最低收入户	低收入户	中等偏下收入户	中等收入户	中等偏上收入户	高收入户	最高收入户
1997	0.9599	0.9939	0.8982	0.8641	0.8304	0.7938	0.7652	0.7135
1998	0.9680	1.0071	0.9019	0.8529	0.8164	0.7776	0.7620	0.6927
1999	0.9638	1.0007	0.8983	0.8466	0.8041	0.7743	0.7464	0.6837
2000	0.9574	0.9980	0.9013	0.8538	0.8129	0.7873	0.7528	0.6949
2001	0.9601	0.9943	0.9230	0.8485	0.8060	0.7644	0.6810	0.6506
2002	1.2402	1.3729	0.9320	0.8528	0.8191	0.7824	0.7130	0.5908
2003	0.9892	1.0659	0.9306	0.8476	0.8034	0.7730	0.6906	0.6647
2004	0.9974	1.0556	0.9324	0.8459	0.7957	0.7552	0.6841	0.6636
2005	0.9925	1.0643	0.9230	0.8306	0.7952	0.7466	0.6801	0.6656
2006	0.9591	1.0402	0.8983	0.8086	0.7697	0.7273	0.6709	0.6588
2007	0.9587	1.0267	0.8661	0.8003	0.7554	0.7061	0.6880	0.6344
2008	0.9535	1.0343	0.8413	0.7840	0.7397	0.6916	0.6814	0.6186
2009	0.9328	1.0141	0.8261	0.7772	0.7344	0.7119	0.6786	0.6194
2010	0.9199	0.9949	0.7926	0.7596	0.7320	0.6960	0.6764	0.6175
2011	0.8983	0.9219	0.7862	0.7518	0.7350	0.6845	0.6570	0.5979
2012	0.9267	0.9342	0.7958	0.7524	0.7453	0.6754	0.6309	0.5857

资料来源：根据历年《中国统计年鉴》和中经网统计数据库整理得到。

第四节 我国城乡居民消费专项调查分析

上一节中，我们比较分析了城镇不同收入组家庭的消费结构差异及其变化趋势。在本节中，我们将通过课题组的调研数据分析我国城乡居民消费的现状、特征和未来的变化趋势。

本部分的研究数据来源于 2012 年课题组对我国广东、江西和重庆三个省、市的调查，调查过程中共发放问卷 700 份，收回 531 份，其中有效问卷 442 份，问卷回收率为 75.86%，问卷有效率为 83.24%。

一、被调查对象的特征属性

从表 3–9 可知，被调查者男性居多，而且大多数为城镇居民；就年龄结构而言，中青年人居多，18 岁以下和 56 岁以上居民加起来不到 10%；从行业分布来看，从事教育行业的居多，占被调查对象的 17.19%；从学历层次来看，被调查对象的学历层次较高，拥有研究生以上学历的有 57 人，占被调查对象的 12.90%（这可能是由于被调查对象中从事教育工作的人员较多），此外本科学历人数为 193 人，占被调查对象的 43.66%；从被调查对象的职位来看，外来务工人员、个体经营者以及企事业单位的普通员工占绝大多数。

表 3–9 被调查对象的特征属性

性别	人数	比例（%）	户籍	人数	比例（%）
男	255	57.69	城镇	281	63.57
女	187	42.31	农村	161	36.43
年龄	人数	比例（%）	学历	人数	比例（%）
18 岁以下	11	2.49	小学及以下	2	0.45
18~25 岁	75	16.97	初中	13	2.94

续表

年龄	人数	比例（%）	学历	人数	比例（%）
26~35 岁	126	28.51	高中	72	16.29
36~45 岁	106	23.98	大专	105	23.76
46~55 岁	93	21.04	本科	193	43.66
56 岁及以上	31	7.01	硕士及以上	57	12.90
行业	人数	比例（%）	职位	人数	比例（%）
教育	76	17.19	企事业单位、国家机关普通员工	116	26.24
餐饮服务	21	4.75	企事业单位、国家机关中层	12	2.72
金融	35	7.92	企事业单位、国家机关管理者	1	0.22
零售	42	9.50	个体经营者	67	15.16
电子通信	13	2.94	外来务工人员	54	12.22
其他	255	57.70	其他	192	43.44

二、被调查对象的收入和消费总体情况

从表 3-10 可知，被调查对象家庭年收入大部分集中于 3 万~20 万元，高于 20 万元的有 67 户，占被调查对象的 15.16%；而 3 万元以下的有 35 户，仅占被调查对象的 7.92%。另外，被调查对象家庭年消费支出也大部分集中于 3 万~20 万元这一区间，但是年消费高于 20 万元的有 19 户，仅占被调查对象的 4.30%，而年消费低于 3 万元的有 88 户，占被调查对象的 19.92%。由此可以推断，我国城镇居民的消费支出还是小于其收入，大家仍然秉承量入为出的原则，很少提前消费。

表 3-10　被调查对象家庭的收入和消费总体特征

收入	人数	比例（%）	消费	人数	比例（%）
3 万元以下	35	7.92	3 万元以下	88	19.92
3 万~6 万元（含 6 万元）	107	24.21	3 万~6 万元（含 6 万元）	132	29.86
6 万~10 万元（含 10 万元）	138	31.22	6 万~10 万元（含 10 万元）	116	26.24
10 万~20 万元（含 20 万元）	95	21.49	10 万~20 万元（含 20 万元）	87	19.68

续表

收入	人数	比例（%）	消费	人数	比例（%）
20万元以上	67	15.16	20万元以上	19	4.30
对收入感观	人数	比例（%）	对消费感观	人数	比例（%）
高得惨不忍睹	0	0	高得惨不忍睹	32	7.24
偏高	33	7.47	偏高	171	38.69
刚刚好	107	24.21	刚刚好	112	25.34
偏低	231	52.26	偏低	85	19.23
低得一塌糊涂	71	16.06	低得一塌糊涂	42	9.50

此外，从被调查对象对自己收入情况的主观感受来看，绝大多数人对自己当前收入不满意。有16.06%的人感觉自己的收入低得一塌糊涂，有52.26%的人认为自己的收入偏低，有24.21%的人认为自己的收入刚刚好，仅有7.47%的人认为自己的收入偏高，没有人认为自己的收入高得惨不忍睹。与大部分被调查对象对自己的收入表示不满不同，对于消费的态度大家有所分歧。有7.24%的人表示自己的消费高得惨不忍睹，有38.69%的人认为自己的消费偏高，有9.50%的人认为自己的消费低得一塌糊涂，有19.23%的人认为自己的消费水平偏低，仅有25.34%的人认为自己的消费刚刚好。

三、被调查对象的消费结构分析

从表3-11可知，被调查对象家庭每年在食品方面的开支大部分在2万~5万元。其中，26.70%的家庭食品支出在2万~3万元，31.45%的家庭食品支出在3万~5万元，7.47%的家庭在食品方面的支出低于1万元，而21.71%的家庭在食品方面的支出高于5万元。

从衣着方面的消费支出来看，大部分家庭的支出在2万元以内。其中，48.87%的家庭衣着支出在1万元以内，26.70%的家庭衣着支出在1万~2万元。有近7%的家庭在衣着方面的支出高于3万元，其中，4.98%的家庭衣着支出在3万~5万元，2.03%的家庭衣着支出高于5万元。

从调查结果来看，各个被调查家庭在家用电器购买方面的消费支出分布比较均衡。其中，23.76%的家庭支出在 1 万元以内，21.95%的家庭支出在 1 万~2 万元，17.19%的家庭支出在 2 万~3 万元，14.03%的家庭支出在 3 万~5 万元，23.07%的家庭支出高于 5 万元。

各个被调查家庭在交通方面的消费支出分布也相对均衡。其中，18.78%的家庭支出在 2000 元以内，28.05%的家庭支出在 2000~5000 元，16.07%的家庭支出在 5000~10000 元，24.43%的家庭支出在 1 万~2 万元，12.67%的家庭支出高于 2 万元。

从通信方面的消费支出来看，大部分家庭的支出在 2000 元以内。其中，65.38%的家庭通信支出在 1000 元以内，23.53%的家庭支出在 1000~2000 元。仅有不到 3%的家庭在该方面的消费支出高于 3000 元，其中，2.03%的家庭支出在 3000~5000 元，0.45%的家庭支出高于 5000 元。

从医疗保健支出来看，大部分家庭的支出在 2 万元以内。其中，40.27%的家庭支出在 1 万元以内，32.58%的家庭支出在 1 万~2 万元。仅有约 5%的家庭在该方面的支出高于 3 万元，其中，4.75%的家庭支出在 3 万~5 万元，0.68%的家庭支出高于 5 万元。

从教育方面的消费支出来看，大部分家庭的支出在 2 万元以内。其中，35.75%的家庭支出在 1 万元以内，28.73%的家庭支出在 1 万~2 万元。有近 13%的家庭在该方面的支出高于 3 万元，其中，8.37%的家庭支出在 3 万~5 万元，3.39%的家庭支出高于 5 万元。此外，还有 23.76%的家庭支出在 2 万~3 万元。

从住房方面的消费支出来看，大部分家庭的支出在 2 万元以内。其中，31.00%的家庭支出在 1 万元以内，20.13%的家庭支出在 1 万~2 万元，16.74%的家庭支出在 2 万~3 万元，22.40%的家庭支出在 3 万~5 万元，9.73%的家庭支出高于 5 万元。

表 3-11　被调查对象家庭的消费支出结构

食品支出	人数	比例（%）	衣着支出	人数	比例（%）
1 万元以内	33	7.47	1 万元以内	216	48.87
1 万~2 万元（含 2 万元）	56	12.67	1 万~2 万元（含 2 万元）	118	26.70
2 万~3 万元（含 3 万元）	118	26.70	2 万~3 万元（含 3 万元）	77	17.42
3 万~5 万元（含 5 万元）	139	31.45	3 万~5 万元（含 5 万元）	22	4.98
5 万元以上	96	21.71	5 万元以上	9	2.03
家电购买支出	人数	比例（%）	交通支出	人数	比例（%）
1 万元以内	105	23.76	2000 元以内	83	18.78
1 万~2 万元（含 2 万元）	97	21.95	2000~5000 元（含 5000 元）	124	28.05
2 万~3 万元（含 3 万元）	76	17.19	5000~1 万元（含 1 万元）	71	16.07
3 万~5 万元（含 5 万元）	62	14.03	1 万~2 万元（含 2 万元）	108	24.43
5 万元以上	102	23.07	2 万元以上	56	12.67
通信支出	人数	比例（%）	医疗保健支出	人数	比例（%）
1000 元以内	289	65.38	1 万元以内	178	40.27
1000~2000 元（含 2000 元）	104	23.53	1 万~2 万元（含 2 万元）	144	32.58
2000~3000 元（含 3000 元）	38	8.61	2 万~3 万元（含 3 万元）	96	21.72
3000~5000 元（含 5000 元）	9	2.03	3 万~5 万元（含 5 万元）	21	4.75
5000 元以上	2	0.45	5 万元以上	3	0.68
教育支出	人数	比例（%）	住房支出	人数	比例（%）
1 万元以内	158	35.75	1 万元以内	137	31.00
1 万~2 万元（含 2 万元）	127	28.73	1 万~2 万元（含 2 万元）	89	20.13
2 万~3 万元（含 3 万元）	105	23.76	2 万~3 万元（含 3 万元）	74	16.74
3 万~5 万元（含 5 万元）	37	8.37	3 万~5 万元（含 5 万元）	99	22.40
5 万元以上	15	3.39	5 万元以上	43	9.73

从表 3-12 给出的调查结果来看，大部分受访家庭的最大消费项目集中在住房、食品和教育支出上，三者所占比例分别为 32.81%、25.11%和 17.65%；另外，63.80%的受访者认为通信支出所占的开支是家庭开支中最小的，9.73%的受访者认为是交通费用，而 8.82%的受访者则选择了衣着支出。

从消费支出的增速来看，38.01%的受访者认为住房支出增速最快，23.30%的受访者认为医疗保健方面的支出增加最快，也有14.93%的受访者认为教育方面的支出增速最快，16.06%的受访者认为衣着支出增速最慢，23.08%的受访者认为交通方面的支出增速最慢，14.25%的受访者认为食品方面的支出增速最慢，也有26.47%的受访者认为通信方面的支出增速最慢。

有超过3/4的受访者认为住房、医疗和教育这三项开支给他们带来的压力最大。其中，42.76%的受访者认为住房支出给他们带来的压力最大，18.33%的受访者认为教育支出的压力最大，14.25%的受访者认为医疗保健支出的压力最大。此外，有近80%的受访者当前最想购买的项目是住房、医疗和教育这三项。其中，43.67%的受访者最想购买住房，17.65%的受访者最想购买教育，16.52%的受访者最想购买医疗保健。

表3–12　被调查对象家庭的消费动态变化特征

消费支出最高项目	人数	比例（%）	消费支出最小项目	人数	比例（%）
住房	145	32.81	衣着	39	8.82
医疗	47	10.63	交通	43	9.73
教育	78	17.65	通信	282	63.80
食品	111	25.11	食品	0	0
其他	61	13.80	其他	78	17.65
消费支出增速最快项目	人数	比例（%）	消费支出增速最慢项目	人数	比例（%）
住房	168	38.01	衣着	71	16.06
医疗	103	23.30	交通	102	23.08
教育	66	14.93	通信	117	26.47
食品	46	10.41	食品	63	14.25
其他	59	13.35	其他	89	20.14
消费支出压力最大项目	人数	比例（%）	最想购买项目	人数	比例（%）
住房	189	42.76	住房	193	43.67
医疗	63	14.25	医疗	73	16.52
教育	81	18.33	教育	78	17.65

续表

消费支出压力最大项目	人数	比例（%）	最想购买项目	人数	比例（%）
食品	41	9.28	食品	18	4.07
家电	16	3.62	家电	26	5.88
其他	52	11.76	其他	54	12.21

第五节 小结

从总体上看，我国城镇居民的收入水平和消费水平呈现出不断提高和逐年增长的态势。进一步分析可以发现，我国城镇居民的消费增长水平呈现出波动性发展的特点。1978~1985 年，我国城镇居民收入水平高速增长，消费水平开始复苏；1986~1996 年，我国城镇居民的收入水平和消费水平都高速增长；1997~2015 年，我国城镇居民的收入水平和消费水平开始逐步放缓。

1978~2015 年，我国城镇居民的平均消费倾向随着收入水平的提高呈下降趋势。1978~1985 年，城镇居民的平均消费倾向始终保持在 0.88 以上；1986~1996 年，城镇居民的平均消费倾向由高峰时期的 0.9354 下降到 1996 年的 0.8099；1997~2015 年，城镇居民的平均消费倾向更是一路下滑，由 1997 年的 0.8111 大幅降至 2015 年的 0.6858。

从横向比较来看，我国不同地区城镇居民的平均消费倾向都较为接近，东部地区的平均消费倾向略低，而中西部地区的平均消费倾向稍高。从变化趋势来看，其中，东部地区城镇居民的平均消费倾向下降幅度最大，由 1985 年的 0.9493 变为 2015 年的 0.6547，降幅高达 30%；中部地区由 0.9295 下降至 0.7153；西部地区则由 0.9194 下降至 0.7002。

数据资料显示，1997~2012 年，我国城镇居民平均消费倾向为 0.81。困难户、最低收入户、低收入户、中等偏下收入户、中等收入户、中等偏上收入户、高收入户和最高收入户的平均消费倾向分别为 0.98、1.05、0.89、0.83、0.79、0.75、0.70 和 0.65。2002~2011 年，我国农村居民平均消费倾向为 0.87。而低收入户、中低收入户、中等收入户、中高收入户和高收入户的平均消费倾向分别为 1.38、0.90、0.78、0.70、0.60。低收入户的平均消费倾向大于 1，低收入户的消费支出大于其当期收入，这些家庭将动用储蓄或依靠借贷度日。

最后，我们利用调研数据分析了居民消费结构的现状和未来的变化趋势。调查发现：①我国居民的消费支出还是小于其收入，大家仍然秉承量入为出的原则，很少提前消费。②绝大多数人对自己当前的收入不满意，而对于消费的态度有所分歧。约四成受访者认为自己的消费偏高，另有约 1/5 的受访者认为自己的消费水平偏低。③从消费支出结构来看，大部分受访家庭的最大消费项目集中在住房、食品和教育支出上。此外，绝大多数受访者认为住房、医疗和教育这三项开支给他们带来的压力最大。由此看来，住房、医疗和教育支出确实是压在城乡居民身上的“三座大山”。

第四章　我国最优居民消费率的测度分析

在本章中，我们将首先分析产业结构升级进程中我国居民消费率的波动特征和变化趋势，比较分析居民消费率的区域差异及其变化趋势；其次进行居民消费率的国际间比较；再次基于钱纳里模型估计我国的最优居民消费率；最后实证分析我国居民消费率偏低、波动较大的成因。

第一节　我国居民消费率的波动特征与变化趋势

当前学术界对消费需求的测度指标除了我们前文应用的消费水平、消费倾向、消费结构外，还有消费率这一指标。消费率是消费相对量的测度指标，所谓居民消费率，是指居民消费支出总额在 GDP 中所占的比重。该指标不仅可以较好地测度居民消费支出和 GDP 的变动趋势，还可以量化社会福利效用水平，同时也反映了社会资源在生产和消费之间的配置比例。

一、居民消费率变动趋势

自 1978 年改革开放以来，我国居民消费率呈现出不断下降的趋势，具体而言可分为以下四个阶段（见图 4-1）：

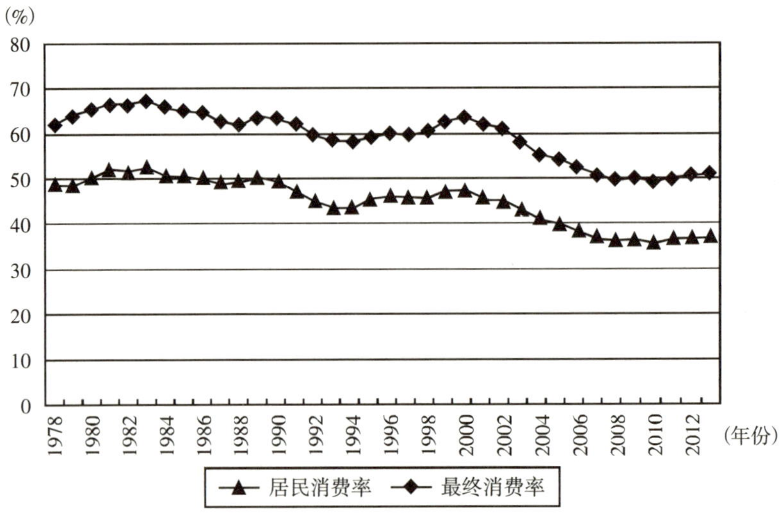

图 4–1 居民消费率与最终消费率变动趋势

资料来源：中经网统计数据库及《中国统计年鉴》(2014)。

(1) 1978~1988 年为第一阶段。这一时期我国的居民消费率还处于较高水平（各个年度的居民消费率基本维持在 48%以上），消费率的走势呈先增后减的倒“U”形。改革开放初期（1978~1983 年），随着生活水平的提高，居民消费率节节攀升，1978 年消费率为 48.81%，1983 年攀升到了 52.77%的历史最高水平，上涨了约 4 个百分点，而后的 1988 年又逐步回落到了 49.45%。

(2) 1989~1999 年为第二阶段。这一时期，我国居民消费率的总体水平与第一时期相比有所下降，其走势呈先下降后上升的“U”形形态。1989 年消费率为 50.42%，1994 年下降为 43.48%，下降了近 7 个百分点，而后 1999 年又逐步回升至 47.21%。

(3) 2000~2008 年为第三阶段。这一时期，我国居民消费率呈现持续下降的趋势。居民消费率由 2000 年的 47.46%下降为 2005 年的 39.73%，2008 年进一步下降为 36.18%。

(4) 2009~2013 年为第四阶段。这一时期，我国居民消费率开始企稳回升。居民消费率由 2009 年的 36.50%逐步回升至 2013 年的 37.04%。

我国的最终消费率与居民消费率的走势几乎一样，也呈现出波动下降的趋势。1978~1988 年最终消费率的走势呈先增后减的倒“U”形，1989~1999 年其走势呈先下降后上升的“U”形形态，2000~2008 年最终消费率呈现持续下降趋势，2009~2013 年最终消费率开始企稳回升。

我国的最终消费由政府消费和居民消费构成。从变化趋势来看，政府消费和居民消费所占的比重较为稳定。政府消费的比重始终保持在 20%~30%，其中 1988 年政府消费占最终消费的比例最低，仅为 20.00%，而 2013 年最高，为 27.37%。居民消费的比重则在 70%~80%这个区间小幅波动，其中 2013 年居民消费占最终消费的比例最低，仅为 72.63%，而 1988 年最高，为 80%。从变化趋势来看，政府消费的比重有逐年上升的趋势，而居民消费所占的比重则缓慢下降（见图 4–2）。

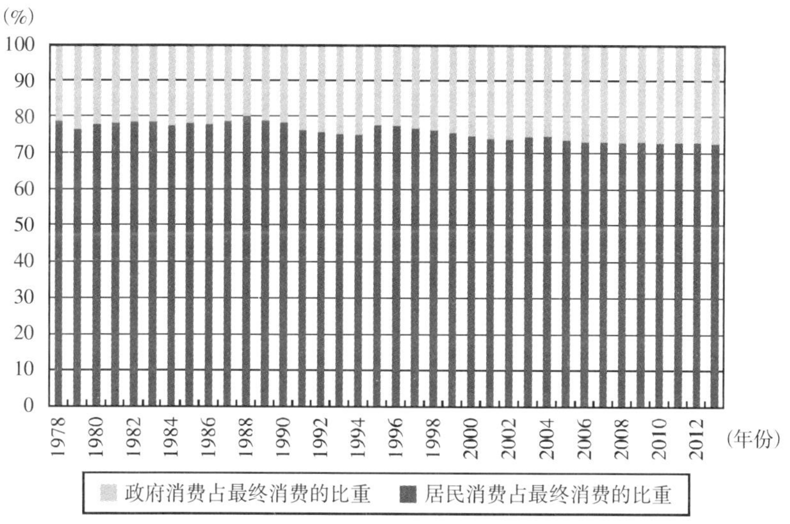

图 4–2　最终消费构成变化

资料来源：中经网统计数据库及《中国统计年鉴》(2014)。

我国的居民消费由农村居民消费和城镇居民消费构成。从所占比重来看，城镇居民消费的比重呈现逐年上升的趋势，而农村居民消费所占的比重则不断下降（见图 4–3）。

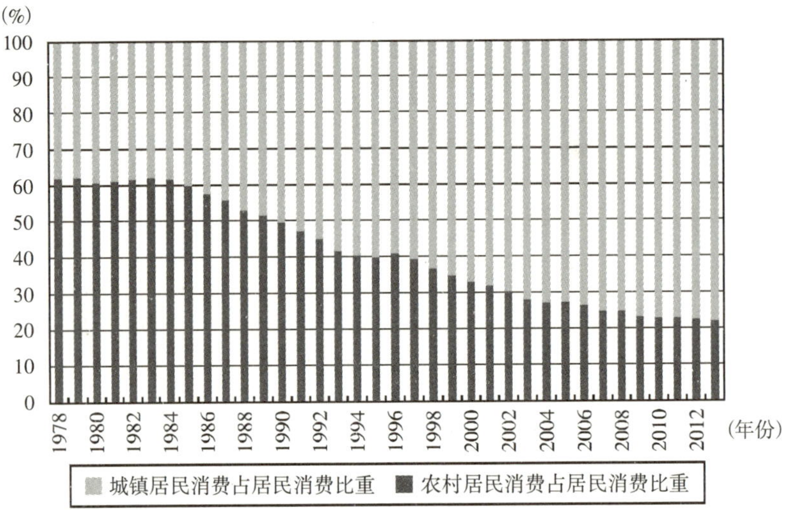

图 4-3 城乡消费之比构成

资料来源：中经网统计数据库及《中国统计年鉴》(2014)。

二、居民消费率的国际比较

从不同地区比较来看，我国东部地区、东北地区、中部地区、西部地区的居民消费率均处于一个较低水平，并且呈现震荡下降的趋势（见表 4-1）。除此之外，各个地区间居民消费率还呈现出以下特征：

表 4-1 各地区居民消费率比较

单位：%

年份	东部地区	东北地区	中部地区	西部地区
1993	36.9600	39.7000	46.4300	51.3300
1994	36.8300	40.2600	45.6300	51.4900
1995	38.3500	43.7000	45.8600	52.6300
1996	39.2100	43.2900	46.6300	53.3500
1997	38.8800	42.6200	45.0500	51.4700
1998	37.9200	41.8600	43.4400	50.0500
1999	35.9000	44.5300	44.2400	47.9300
2000	36.1800	43.9800	44.1800	48.4200

续表

年份	东部地区	东北地区	中部地区	西部地区
2001	36.5400	44.3100	44.0100	47.7700
2002	36.8100	43.7400	43.7200	47.1200
2003	36.2000	43.1600	42.8700	47.4000
2004	34.9100	40.6500	40.9900	46.0200
2005	34.4400	36.1500	39.7000	44.7900
2006	34.1200	32.9800	38.9700	42.3700
2007	34.0200	33.3900	37.1400	42.7000
2008	33.0900	31.7400	35.4100	40.2700
2009	33.1400	34.3700	34.9100	40.1900
2010	32.7700	32.5600	33.7000	38.2900
2011	33.2600	32.0000	33.3700	37.6300
2012	33.9600	32.1300	33.7400	38.3800
2013	34.4600	32.9800	34.9900	38.3600
平均值	35.6200	38.5800	40.7100	45.6200

资料来源：原始数据来源于中经网统计数据库及各个年度《中国统计年鉴》，表中数据为课题组成员计算得到。

第一，居民消费率西部地区最高，中部地区次之，东北地区再次之，东部地区最低。1993~2013 年，西部地区居民消费率均值为 45.62%，中部地区居民消费率均值为 40.71%，东北地区居民消费率均值为 38.58%，东部地区居民消费率均值为 35.62%。西部地区居民消费率比中部地区高近 5 个百分点，比东北地区高近 7 个百分点，比东部地区高了整整 10 个百分点。

第二，各个地区居民消费率的变化趋势并不一致。西部地区下降最快，居民消费率由 1993 年的 51.33%下降至 2013 年的 38.36%，下降了近 13 个百分点。中部地区和东北地区分别下降了 11.44 个百分点和 6.72 个百分点。东部地区居民消费率最为平稳，仅下降了 2.5 个百分点。

第二节 居民消费率的国际比较

前文分析了我国居民消费率的变动趋势和区域比较，这里我们将进行居民消费率的国际间比较。比较对象是 G7 国家、金砖各国以及东亚各国。

和 G7 国家的居民消费率相比，我国居民消费率有两点不同：第一，我国居民消费率波动幅度较大，1989~2013 年我国居民消费率最高时为 50.42%（1989 年），最低时为 36.51%（2009 年），两者相差近 14 个百分点。而同期 G7 国家的居民消费率相当稳定。德国的居民消费率在 55%~58%波动，英国的居民消费率在 61%~65%波动，法国的居民消费率在 54%~57%波动，加拿大的居民消费率在 54%~58%波动，意大利的居民消费率在 57%~62%波动，美国的居民消费率在 63%~69%波动，居民消费率波动最高的是日本，居民消费率最高时为 61.14%，最低时为 52.82%，但波动幅度也远小于中国。第二，我国的居民消费率远低于 G7 国家。1989~2013 年我国的平均居民消费率为 42.65%。而同期德国年均居民消费率为 56.68%，英国为 63.68%，法国为 55.22%，日本为 56.86%，加拿大为 55.76%，美国为 66.32%，意大利为 59.63%（见表 4–2）。

表 4–2 G7 各国的居民消费率

单位：%

年份	德国	英国	法国	日本	加拿大	美国	意大利
1989	57.1200	61.0700	55.6300	53.3400	54.8300	63.5000	58.9900
1990	56.5000	61.8500	55.5500	53.3100	55.8100	63.9800	57.8500
1991	56.2800	62.7900	55.4200	52.8200	57.0700	64.1400	58.1200
1992	56.4500	63.3800	55.5000	53.5400	57.4800	64.4700	59.0600
1993	57.1000	64.1300	55.7700	54.3000	57.5300	65.0000	58.6700
1994	56.8100	63.1800	55.4300	55.2700	56.5900	64.8700	59.1800

续表

年份	德国	英国	法国	日本	加拿大	美国	意大利
1995	56.5500	61.3300	55.1600	55.3600	55.7000	65.0300	59.0400
1996	57.0100	61.7100	55.5800	55.4900	56.1700	65.0400	58.6200
1997	57.0100	62.9100	54.6200	55.4200	56.7800	64.6000	59.2200
1998	56.5500	63.8500	54.4900	56.1100	56.9000	64.9500	59.8300
1999	56.9200	64.7500	54.1700	57.2100	56.2700	65.2900	60.5600
2000	57.1400	64.6200	54.4400	56.5200	54.5800	66.0400	60.5700
2001	57.3400	64.9100	54.7400	57.3200	55.0400	66.8700	59.6800
2002	56.8400	64.7900	54.6000	57.9100	55.9500	67.2700	59.3000
2003	57.6700	64.1000	54.8900	57.6300	55.6400	67.4600	59.5200
2004	57.3900	64.3400	54.7400	57.2900	54.6400	67.2900	59.1100
2005	57.7700	64.1900	55.1700	57.7800	54.1200	67.1600	59.4500
2006	57.0000	63.5500	55.0800	57.9100	54.1000	67.1500	59.5300
2007	55.1200	63.5800	54.9100	57.3400	54.3600	67.3500	59.2500
2008	55.2700	64.1000	55.2500	58.2700	54.1400	68.0300	59.6000
2009	57.3300	64.6600	56.1900	60.0500	57.2200	68.2900	60.6600
2010	56.1200	64.4400	56.1400	59.2600	56.5300	68.1800	61.0400
2011	55.8300	64.2300	55.7400	60.3100	55.5000	68.8800	61.5400
2012	55.9800	64.7900	55.6700	60.6600	55.4500	68.5700	61.6100
2013	55.9400	64.7600	55.5600	61.1400	55.5800	68.4900	60.7600
平均值	56.6800	63.6800	55.2200	56.8600	55.7600	66.3200	59.6300

资料来源：世界银行统计数据库，http：//data.worldbank.org.cn/country。

由于G7集团各国都是经济发达的高收入国家，这里我们又选取了同为新兴市场国家代表的金砖各国进行比较。与金砖各国的其他国家相比，我国居民消费率同样有两个不同的特征：第一，我国的居民消费率偏低。不仅低于收入水平高于我国的巴西、南非和俄罗斯，也低于收入水平低于我国的印度。1989~2013年，巴西的居民消费率均值为61.60%，俄罗斯为49.64%，印度为61.97%，南非为60.82%，我国比俄罗斯还低了近7个百分点。第二，我国的居民消费率呈震荡下行的趋势，而巴西、俄罗斯和南非都呈现稳步上升的趋势。1989~2013 年，巴西的居民消费率由 54.13%上升至 62.06%，俄罗斯由 45.15%上升至 51.58%，南非由 54.65%上升至 61.89%，而我国居民消费率却由 50.42%下降至 37.04%（见表 4–3）。

表 4–3 金砖 5 国的居民消费率

单位：%

年份	中国	巴西	俄罗斯	印度	南非
1989	50.42	54.13	45.15	65.05	54.65
1990	49.50	59.30	48.87	64.61	57.13
1991	47.11	61.57	46.94	65.87	58.55
1992	45.13	61.52	37.46	65.02	60.99
1993	43.67	60.08	45.24	67.13	60.67
1994	43.48	61.18	50.80	66.14	60.32
1995	45.63	64.07	52.09	64.03	62.07
1996	46.38	65.03	52.61	68.22	61.33
1997	45.71	65.19	54.75	65.11	61.90
1998	45.98	64.02	59.63	65.60	62.01
1999	47.21	64.52	53.54	62.26	61.90
2000	47.46	64.53	46.19	64.22	62.40
2001	45.79	64.11	48.94	62.93	61.90
2002	45.07	61.94	51.20	64.10	61.12
2003	42.97	61.81	49.85	63.12	61.47
2004	41.12	60.24	49.87	58.37	62.52
2005	39.73	60.44	49.36	57.59	62.46
2006	38.26	60.44	48.71	56.96	63.39
2007	36.86	59.92	49.92	55.69	62.53
2008	36.18	59.77	47.43	58.61	59.96
2009	36.51	62.02	52.85	57.18	59.00
2010	35.60	60.23	50.58	56.40	59.02
2011	36.54	60.28	48.43	56.36	60.03

续表

年份	中国	巴西	俄罗斯	印度	南非
2012	36.95	61.71	49.05	59.45	61.24
2013	37.04	62.06	51.58	59.18	61.89
平均值	42.65	61.60	49.64	61.97	60.82

资料来源：世界银行统计数据库和《中国统计年鉴》（2014）。

最后，我们选取了文化、习俗与我国较为接近的东亚五国进行比较。由表 4–4 给出的结果可知，我国的居民消费率不仅低于人均收入高于我国的韩国，低于人均收入与我国较为接近的泰国和马来西亚，也远低于人均收入低于我国的越南和菲律宾。

表 4–4　东亚各国的居民消费率

单位：%

年份	韩国	泰国	印度尼西亚	越南	马来西亚	菲律宾
1989	55.9900	57.9800	55.8200	87.7300	51.7300	71.0300
1990	55.3000	56.7600	58.8900	84.3300	51.8000	71.5100
1991	54.8200	54.4800	58.4400	81.9600	52.1800	72.8500
1992	55.3700	54.1500	57.8300	80.6800	50.2700	73.9000
1993	55.6900	54.2500	58.5100	77.1800	48.2800	74.3600
1994	56.0100	54.8300	59.6800	75.7200	48.1400	71.4500
1995	55.8300	54.7500	61.5800	73.7600	47.9200	73.9900
1996	56.5500	54.2800	62.3600	74.5100	46.0300	72.8200
1997	56.7800	54.8500	61.6800	71.7100	45.3500	72.3800
1998	53.5100	52.6000	67.7800	70.6300	41.5600	72.4700
1999	55.9300	55.4300	73.9400	68.4400	41.5800	72.7500
2000	53.6500	57.2000	60.7000	69.9300	43.7500	72.2000
2001	54.7000	58.0900	62.3000	66.9600	46.1200	73.6300
2002	55.4300	58.4300	65.0400	70.2200	45.0100	73.9000
2003	53.5100	57.5000	58.9300	71.5000	44.5800	74.3500
2004	51.2600	57.2500	62.9500	73.9800	44.0000	74.5000
2005	52.1200	57.7800	62.6600	64.0900	44.1900	75.0100

续表

年份	韩国	泰国	印度尼西亚	越南	马来西亚	菲律宾
2006	52.7000	56.4100	60.5600	62.8100	44.3400	74.6000
2007	52.3700	52.9900	62.6900	68.4500	45.1500	73.4800
2008	52.3500	55.9700	62.7000	71.5300	44.7100	74.3400
2009	51.6800	54.7900	56.6200	67.4300	48.8400	74.6700
2010	50.3200	53.6700	56.2200	66.5300	47.5100	71.5500
2011	50.9600	55.5800	55.4800	68.4700	47.3000	73.4700
2012	51.3700	55.5500	56.0700	63.3300	48.9700	74.1700
2013	50.9100	53.6600	57.2400	65.0100	51.0800	73.3000
平均值	53.8000	55.5700	60.6700	71.8800	46.8200	73.3100

资料来源：世界银行统计数据库，http：//data.worldbank.org.cn/country。

第三节　我国最优居民消费率的测度分析

通过时间上的纵向比较或者不同国家之间的横向比较来判断居民消费率高低都存在一定的缺陷，只有通过与经济体本身的最优消费率比较才能判断居民消费率的高低。那么我国最优居民消费率是多少？如何估算我国的最优居民消费率？这一节中我们将着手解决这一问题。

居民消费率的决定是家庭的个体决策行为。这里我们以代表性家庭作为研究对象，推导出效用极大化时代表性家庭的居民消费率，从而估计我国城乡家庭的最优居民消费率。这里我们借鉴钱纳里和赛尔昆（1988）的做法，通过构建一个跨期消费决策模型来估计我国最优居民消费率。其假设条件如下：

（1）代表性家庭的效用函数采用柯布—道格拉斯函数，其形式表述为：

$\text{Max } U(x,\ y) = \text{Max } x^{\alpha} \times y^{\beta}$

其中，x 和 y 均为代表性商品，x 为代表性家庭第一期消费的所有商品，y 为代表性家庭第二期消费的所有商品；α 和 β 分别代表第一期和第二期消费占收入的比重，且 $\alpha+\beta=1$。

（2）不存在流动性约束。代表性家庭消费不受流动性的约束是消费者能够进行跨期消费决策的前提条件。如果该条件不满足，则代表性家庭所面临的预算约束线将会改变。

（3）代表性家庭能够准确预测未来收入。居民能够正确地预测到第二期收入，这也是该跨期消费决策模型的前提条件。

（4）代表性家庭的消费决策与生命周期假说（以及持久收入假说）不符。生命周期假说以及持久收入假说理论上很完美，然而与现实经济有较大不同。例如，代表性消费者无法准确预测其生命的长短，因此很难做到在其生命结束时刚好用尽其一生的收入。

我们这里所应用的效用函数是根据钱纳里模型中消费率的标准值推导得到的。钱纳里和赛尔昆（1988）考察 1950~1970 年 101 个国家的经济发展历程时，研究了收入变化与居民消费率变化之间的关系。该模型对探讨我国最优居民消费率有较大的参考价值，而且钱纳里模型给出了大国居民消费率标准值和小国居民消费率标准值，其具体数据如表 4–5 所示。

表 4–5 钱纳里模型的消费率标准值（大国）

人均收入（美元，基期 1964 年）	100	200	300	500	800	1000	1500
私人消费率	0.768	0.709	0.682	0.656	0.639	0.633	0.627
政府消费率	0.099	0.109	0.116	0.125	0.136	0.141	0.152

资料来源：钱纳里，赛尔昆. 发展的型式：1950–1970［M］. 北京：经济科学出版社，1988.

根据前文所述，代表性家庭面临的问题是约束条件下实现其效用极大化，即：

$$\text{Max } U(x, y) = \text{Max } x^{\alpha} \times y^{\beta} \quad (4\text{–}1)$$

$$\text{s.t.} \quad m_1 \times (1+r) + m_2 = x \times (1+r) + y \quad (4\text{–}2)$$

这里，我们假定各个时期的利率 r 为 0.04（参考毛中根（2014）等学者的做法）。以第一时期为例，根据表 4–5，我们知道第一期收入为 100，第二期收入为 200，而对应的居民消费率为 0.768、0.709。通过联立式（4–1）和式（4–2），可以计算出此时的 α 为 0.26，β 为 0.74。

同样地，我们根据表 4–5 中其他时期的数据，可以计算出其他各期的 α 分别为 0.29、0.26、0.26、0.29、0.26，β 分别为 0.71、0.74、0.74、0.71、0.74。我们发现，不同时期 α 和 β 的取值差别不大，为了便于分析，我们求出 α 和 β 的算数平均值 0.27 和 0.73，从而构造出如下通用的效用函数：

$$\text{Max}\ U(x,\ y) = \text{Max}\ x^{0.27} \times y^{0.73} \tag{4–3}$$

面临的约束条件仍然是式（4–2），在实证分析中我们将各期的人均 GDP 先转换为以美元计价的人均 GDP，而后利用美国定基物价指数剔除通货膨胀的影响（钱纳里模型中基期是 1964 年，因此这里的基期也是 1964 年）。最后，根据前述方法计算出我国各期最优居民消费率，结果如表 4–6 所示。

表 4–6　我国最优居民消费率

年份	人均 GDP（元）	美元兑人民币汇率	一年期存款利率（%）	最优居民消费率（%）
1978	381.7500	169.5000	3.2400	55.1700
1979	419.7800	155.5000	3.7800	53.2900
1980	463.8600	149.8000	5.3200	48.6900
1981	492.8300	170.5100	5.7600	50.2500
1982	528.7400	189.2500	6.5700	52.9700
1983	583.9500	197.5700	6.8400	51.5500
1984	696.9600	232.7000	6.8400	50.8600
1985	860.1000	293.6600	6.9900	50.6700
1986	966.3300	345.2800	7.2000	53.0200
1987	1116.4000	372.2100	7.2000	56.7300
1988	1370.7900	372.2100	7.6700	53.3600
1989	1527.7600	376.5100	11.1100	46.6500
1990	1653.8600	478.3200	9.6500	51.4200

续表

年份	人均GDP（元）	美元兑人民币汇率	一年期存款利率（%）	最优居民消费率（%）
1991	1902.6700	532.3300	7.8900	55.6300
1992	2323.5200	551.4600	7.5600	57.2800
1993	3014.5200	576.1900	9.3700	48.6900
1994	4065.9700	861.8700	10.9800	57.4800
1995	5073.6200	835.0700	10.9800	54.5100
1996	5878.3900	831.4200	8.7300	53.7300
1997	6457.2900	828.9800	7.1500	53.3000
1998	6834.7900	827.9100	5.0300	53.5000
1999	7199.2700	827.8300	2.9400	54.8500
2000	7902.1600	827.8400	2.2500	55.1800
2001	8670.0800	827.7000	2.2500	55.3300
2002	9450.3300	827.7000	2.0200	56.0200
2003	10599.5500	827.7000	1.9800	57.0100
2004	12335.5800	827.6800	2.0300	56.8900
2005	14258.8700	819.1700	2.2500	57.6100
2006	16602.0800	797.1800	2.3500	59.9400
2007	20337.0800	760.4000	3.2000	59.4400
2008	23912.0200	694.5100	3.9400	55.7800
2009	25962.5600	683.1000	2.2500	57.8700
2010	30567.5000	676.9500	2.3000	58.6000
2011	36017.6100	645.8800	3.2100	55.7900
2012	39544.3100	631.2500	3.2500	55.7800
2013	43320.1300	619.3200	3.0000	55.0100
2014	46652.2500	614.2800	2.7500	—
平均值	10809.3300	574.5100	5.3500	54.4400

资料来源：原始数据来源于中经网统计数据库和世界银行统计数据库，最优居民消费率为课题组计算得到。

这一估计结果与袁志刚（2011）、毛中根（2014）等学者的估计结果较为接近，略高于王秋石（2013）的估计结果，而低于吴忠群（2011）等的估计结果。

通过与表 4-6 的结果比较发现，我国的居民消费率确实偏低，平均而言我国的最优居民消费率应该在 54%左右，而实际居民消费率仅为 40%出头。

第四节　小结

在本章中，我们在分析居民消费率的波动特征和区域差异的基础上，进行了居民消费率的国际间比较，最后估计了我国的最优居民消费率。

首先，我们分析了我国居民消费率的波动特征和区域差异。从时间维度来看，我国居民消费率呈现出波动下降的趋势。1978~1988 年最终消费率的走势呈先增后减的倒“U”形，1989~1999 年其走势呈先下降后上升的“U”形形态，2000~2008 年居民消费率呈现持续下降的趋势，2009~2013 年最终消费率开始企稳回升。从横向比较来看，我国居民消费率西部地区最高，中部地区次之，东北地区再次之，东部地区最低。从各个地区的变化趋势来看，西部地区下降最快，居民消费率由 1993 年的 51.33%下降至 2013 年的 38.36%，下降了近 13 个百分点。中部地区和东北地区分别下降了 11.44 个百分点和 6.72 个百分点。东部地区居民消费率最为平稳，仅下降了 2.5 个百分点。

其次，我们进行了居民消费率的国际比较。和 G7 国家的居民消费率相比，我国居民消费率的波动幅度较大，且居民消费率水平偏低。1989~2013 年我国的平均居民消费率为 42.65%。而同期德国年均居民消费率为 56.68%，英国为 63.68%，法国为 55.22%，日本为 56.86%，加拿大为 55.76%，美国为 66.32%，意大利为 59.63%。与金砖各国的其他国家相比，我国的居民消

费率水平也偏低，且变化趋势与其他国家不同。我国的居民消费率不仅低于收入水平高于我国的巴西、南非和俄罗斯，也低于收入水平低于我国的印度。另外，我国的居民消费率呈震荡下行的趋势，而巴西、俄罗斯和南非都呈现稳步上升的趋势。与东亚各国相比，我国的居民消费率不仅低于人均收入高于我国的韩国，低于人均收入和我国较为接近的泰国和马来西亚，也远低于人均收入低于我国的越南和菲律宾。

最后，我们以代表性家庭作为研究对象，借鉴钱纳里和赛尔昆（1988）的做法，通过构建一个跨期消费决策模型，推导出效用极大化时代表性家庭的居民消费率，从而估计我国城乡家庭的最优居民消费率。通过测算，我们发现我国实际居民消费率远远低于根据钱纳里模型估算出来的最优居民消费率。

第五章　流动性约束对城镇居民消费的影响

我国居民消费增长远低于收入增长，特别是居民消费倾向持续下降，其中平均消费倾向由 1980 年的接近 0.90 下降至 2000 年的 0.79，2012 年更是下降至 0.67（见图 5-1）。居民平均消费倾向的大幅下降，意味着当前我国消费需求疲软，这已成为中国经济长期健康运行的隐忧。因此，深入研究城镇居民消费行为的主要影响因素及其作用机制，启动城镇居民的消费需求是一个具有重要现实意义和丰富政策蕴含的命题。

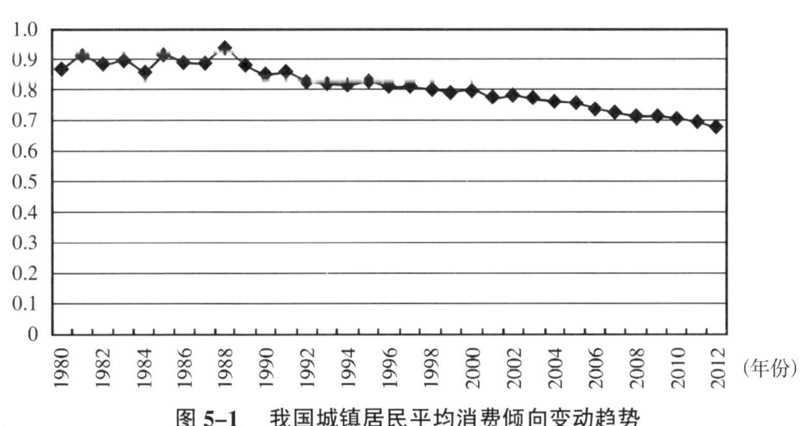

图 5-1　我国城镇居民平均消费倾向变动趋势

资料来源：根据中经网统计数据库相关数据整理得到。

第一节　文献综述

莫迪利阿尼和弗里德曼的生命周期理论和持久收入假说认为，消费者的消费取决于他们的收入，在其一生中收入与消费之间的比例关系是稳定的，但这种收入不是现期绝对收入水平，而是持久收入。然而，生命周期假说和持久收入假说无法合理解释未来的不确定因素冲击对人们消费的影响。为此，Hall（1978）提出了随机游走假说，该假说认为居民的消费服从随机游走过程，因此我们不能根据居民收入的变化来预测消费的变化。学者们大多以此为基准验证生命周期假说和持久收入假说是否成立。然而，实证分析的结果大都认为生命周期假说和持久收入假说不成立。例如，Flavin（1981）研究发现消费具有过度敏感性，即当期消费深受当期收入的影响。Deaton 等学者的研究结果也支持了 Flavin 的结论，即居民消费行为深受其当期收入的影响。但对于生命周期假说和持久收入假说不成立的具体原因，学者们并未取得共识。Zeldes（1989）指出，生命周期假说和持久收入假说之所以不成立，主要原因在于消费者在实际经济生活中面临流动性约束，从而导致他们进行最优的跨期消费决策仅能依靠当期收入。然而，Flavin 等学者认为，生命周期假说和持久收入假说不成立的主要原因是消费者的短视行为。

关于我国居民消费行为的研究，国内学者也进行了广泛而深入的探讨，其中比较典型的研究有：万广华（2001）等在 Hall 理论的基础上运用两阶段最小二乘法（2SLS）实证分析了流动性约束对我国居民消费行为的影响。他们的研究结果认为，消费者面临的流动性约束增强是居民消费增长率偏低的主要原因。罗楚亮（2004）运用 OLS 方法考察城镇居民收入不确定性对其消费行为的影响时也发现，居民面临的收入不确定性将显著降低居民的消费水平。田青（2008）等通过建立面板数据模型，分析了消费习惯、收入等因素

对消费的影响。他们认为利率对居民的消费行为无显著影响，但是收入和消费习惯能够影响居民的消费行为。唐绍祥（2010）等利用面板数据模型分析我国居民的消费行为时发现，居民所面临的收入与支出方面的不确定性对居民消费行为并无显著影响，但与东部地区和中部地区居民的消费水平正相关。张文红（2013）通过考察消费信贷分析了流动性约束对我国居民消费的影响效应。他们的研究表明，流动性约束仅对居民的消费行为有短期影响，而在中长期流动性约束对居民消费行为的影响并不显著。

综观上述文献，通过比较研究发现存在以下不足：首先，学者们多数假定消费者为同质的，即消费者具有相同的行为特征，但这个假定过于苛刻且与现实情况并不相符。消费者的收入、环境、宗教信仰等方面的差异都可能导致其消费行为的不同。其次，大部分学者假定模型具有参数稳定性而没有考虑结构突变问题，但事实上居民的消费行为可能会因为收入等的改变而发生变化。最后，从研究方法来看，上述学者均是在线性模型的研究框架内进行分析的，因而不能很好地度量由于制度、收入等因素改变所导致的消费者行为变化。为了弥补上述不足，本书在假定消费者具有异质性的基础上，考虑结构突变因素的影响，尝试应用非线性的门限回归模型考察我国城镇居民消费行为的特征。

第二节　理论模型

本书根据坎贝尔（Campbell）的思路，假定消费者由两个群体组成。第一个群体中消费者由于短视或流动性约束的影响，其当期消费完全由当期收入的高低决定；第二个群体中消费者为具有前瞻性的理性预期者，其消费行为由终身收入决定，追求流动性约束下的效用极大化。

现假定总收入 Y_i 中占 λ 比例的部分由第一个群体中的消费者获得（Y_{1t}），

而剩下的 $1-\lambda$ 比例部分则由第二个群体中的消费者获得（Y_{2t}），即：

$$Y_{1t}=\lambda Y_t \tag{5-1}$$

$$Y_{2t}=(1-\lambda)Y_t \tag{5-2}$$

$$Y_t=Y_{1t}+Y_{2t}=\lambda Y_t+(1-\lambda)Y_t \tag{5-3}$$

假定第一个群体中消费者的消费与当期收入相等，即 $C_{1t}=Y_{1t}$，将其分别取对数之后，他们的消费水平变动为：

$$\Delta c_{1t}=\Delta y_{1t}=\lambda\Delta y_t \tag{5-4}$$

其中，$c_{1t}=\ln C_{1t}$，$y_t=\ln Y_t$。

第二个群体中消费者的消费服从生命周期假说和持久收入假说，代表性的消费者追求终身效用的极大化，即：

$$\text{Max } E_t\left[\sum_{j=0}^{\infty}\left(\frac{1}{1+\delta}\right)^j U(c_{t+j})\right] \tag{5-5}$$

其中，δ 为代表性消费者的时间偏好。

假定消费者的即期效用函数为常相对风险规避型效用函数，则其具体形式表述如下：

$$U(c_t)=c_t^{1-\frac{1}{\sigma}}\Big/\left(1-\frac{1}{\sigma}\right),\ \sigma>0,\ U'(\cdot)>0,\ U''(\cdot)<0 \tag{5-6}$$

其中，σ 为跨期替代弹性。

那么这些消费者面临的预算约束为：

$$A_{t+j+1}=(1+r_{t+j})(A_{t+j}+Y_{t+j}-C_{t+j}),\ j=0,\ 1,\ \cdots,\ \infty \tag{5-7}$$

$$A_{t+j}\geqslant 0,\ j=0,\ 1,\ \cdots,\ \infty \tag{5-8}$$

其中，A_t、C_t、Y_t 分别代表第 t 期的实际资产、实际消费和实际收入，r_t 代表第 t 期的实际利率。式（5–7）和式（5–8）代表消费者面临的预算约束，即消费者在每期的净资产不得为负。那么在满足约束条件（5–7）和约束条件（5–8）的情况下，消费者实现目标函数（5–5）极大化的欧拉方程的一阶条件如下：

$$E_{t-1}C_t^{\frac{1}{\sigma}}=E_{t-1}\left(\frac{1+r_t}{1+\delta}\right)C_{t-1}^{\frac{1}{\sigma}} \tag{5-9}$$

在理性预期的假定下，式（5-9）表明消费者的跨期最优决策受实际利率 r 和跨期替代弹性 σ 的影响。将式（5-9）取自然对数，可以得到下式：

$$E_{t-1}c_t - c_{t-1} = a + \sigma E_{t-1}r_t \tag{5-10}$$

其中，$c_t = \ln C_t$，$a = -\sigma\ln(1 + 1/\sigma)$。此外，由于 r_t 很小，因此，式中 $r_t \approx \ln(1 + r_t)$。

由于我们假定消费者为理性预期者，因此实际值为预期值加上预测误差，则：

$$c_t = E_{t-1}c_t + u_t \tag{5-11}$$

$$r_t = E_{t-1}r_t + \nu_t \tag{5-12}$$

那么，式（5-10）又可以改写为：

$$\Delta c_t = a + \sigma r_t + w_t \tag{5-13}$$

其中，$w_t = u_t - \sigma\nu_t$。

此外，由于第二个群体中消费者只占总人口比例的 $1-\lambda$，所以：

$$\Delta c_{2t} = (1-\lambda)(a + \sigma r_t + w_t) \tag{5-14}$$

进一步，由于 $\Delta c_t = \Delta c_{1t} + \Delta c_{2t}$，所以我们可以通过检验下式考察生命周期假说和持久收入假说是否成立：

$$\Delta c_t = (1-\lambda)a + \lambda\Delta y_t + (1-\lambda)\sigma r_t + (1-\lambda)w_t = k + \lambda\Delta y_t + \beta r_t + \varepsilon_t \tag{5-15}$$

其中，$k = (1-\lambda)a$，$\beta = (1-\lambda)\sigma$，$\varepsilon_t = (1-\lambda)w_t$。

如果式（5-15）中 $\lambda = 0$ 成立，那么表明所有的消费者都不具有过度敏感性，生命周期理论和持久收入假说成立；反之，如果 $\lambda \neq 0$，则表明消费者具有过度敏感性，生命周期理论和持久收入假说不成立。

第三节　实证分析

一、数据来源和变量特征描述

本书所选取的数据为季度数据，样本考察区间为 2003 年第一季度至 2011 年第二季度，因此在实证研究中总共使用了 34 组样本数据进行分析。实证分析中所有原始数据均来源于中经网统计数据库。

其中，变量 c 为我国城镇家庭人均消费支出（单位：元），变量 y 为我国城镇家庭人均实际收入（单位：元），上述两个变量均根据通胀水平进行了调整（基期为 2003 年第一季度），此外在实证分析之前还进行了季节调整，变量 Δc、Δy 分别为 c 和 y 的一阶差分序列；变量 r 为银行间 61~90 天同业拆借加权平均利率（也为实际利率，并折合为年率）。各变量的描述性统计特征如表 5–1 所示。

表 5–1　各变量的描述性统计特征

统计量	Δc	Δy	r
平均值	64.67801	101.3124	3.240909
中位数	63.25902	96.62833	3.13
极大值	194.4843	255.7605	6.16
极小值	–90.6816	–62.8096	1.38
标准差	50.75755	60.21918	1.064602
偏态系数	–0.121	0.134138	0.393875
峰态系数	5.255129	4.080473	3.13791
雅克—贝拉统计量	7.073237	1.704168	0.879409

二、模型的设定与估计

在模型（5–15）中没有考虑结构突变问题，即不同收入居民的消费行为可能不同。因此，在实证分析中，将模型（5–15）扩展为门限回归模型。汉森（Hansen）提出的多元门限回归模型的主要思想如下：

任意一个普通的两机制门限回归模型可表示为：

$$y_t = \theta_1 x_t I(q_t \leqslant \gamma) + \theta_2 x_t I(q_t > \gamma) + e_t \tag{5-16}$$

其中，q_t 是模型中的门限变量；y_t 是模型中的因变量；x_t 是模型中的自变量；e_t 是模型中的残差项；γ 是模型中的门限值（θ_1、θ_2 和 γ 均为模型中的待估参数）。

首先通过对回归模型（5–16）进行 OLS 估计，可以获取其残差平方和 $S_1(\gamma) = \hat{e}_t'(\gamma)\hat{e}_t(\gamma)$。

此时对应的门限值的估计量为$\hat{\gamma} = \arg\min S_1(\gamma)$，对应的残差方差为：

$$\hat{\sigma}^2 = T^{-1}\hat{e}_t'(\hat{\gamma})\hat{e}_t(\hat{\gamma}) = T^{-1}S_1(\hat{\gamma}) \tag{5-17}$$

得到门限估计值$\hat{\gamma}$后，需要进一步检验模型是否存在门限效应。在这里，我们应用 Bootstrap 方法来估算临界值。而在检验模型（5–16）是否具有门限效应时，其原假设和备择假设为：

$$H_0: \theta_1 = \theta_2,\ H_1: \theta_1 \neq \theta_2 \tag{5-18}$$

令 S_0 为在原假设成立条件下的残差平方和，S_1 为备择假设成立条件下的残差平方和。那么此时对应的拉格朗日乘子检验为：

$$F(\gamma) = \frac{S_0 - S_1(\hat{\gamma})}{\hat{\sigma}^2} \tag{5-19}$$

在实证分析中，估计得到的门限值为$\hat{\gamma} = 3285.68$，拉格朗日乘子检验对应的 F 统计量为 11.75，p 值为 0.0463。由此在 5%的显著性水平下，我们拒绝无门限效应的原假设（本书所应用的计量软件为 GAUSS10.0，仿真实验中重复次数为 1000）。这样将模型（5–15）改写为：

$$\Delta c_t = k + \lambda_1 \Delta y_t (y_{t-1} \leqslant 3285.68) + \beta_1 r_t (y_{t-1} \leqslant 3285.68) + \lambda_2 \Delta y_t (y_{t-1} > 3285.68) + \beta_2 r_t (y_{t-1} > 3285.68) + \varepsilon_t \qquad (5-20)$$

三、模型的估计与检验

由于在本书实证分析中使用的数据为时间序列数据，因此我们在对模型进行估计、检验之前应先检验各变量的平稳性，以避免虚假回归。鉴于传统的 ADF 检验势较低，这里我们应用 DF-GLS 检验方法对各变量进行平稳性检验。

从表 5-2 给出的结果可以看出，在 5%的显著性水平下，模型中各变量均为平稳的时间序列。因此，可以对模型（5-20）进行估计，为了便于进一步比较分析，我们在表 5-3 中给出线性模型的估计结果。

表 5-2　模型各变量的 DF-GLS 单位根检验

变量	检验形式（C，T，K）	DF-GLS 统计量	5%的显著性水平对应的临界值	是否为单位根
Δc	（C，N，0）	-5.35	-1.95	否
Δy	（C，N，0）	-6.21	-1.95	否
r	（C，N，0）	-2.12	-1.95	否

注：C 和 T 分别代表我们进行的检验方程含有漂移或者时间趋势，N 代表不包含漂移或者时间趋势，K 代表滞后阶数。

表 5-3　模型（5-20）的估计结果

变量	线性模型	门限回归模型	
		低收入（$y_{t-1} \leqslant 3285.68$）	高收入（$y_{t-1} > 3285.68$）
Constant	26.48 (23.38)	68.80 (36.26)	76.32* (31.00)
Δy_t	0.36** (0.14)	0.68** (0.07)	0.18 (0.15)
r_t	-1.61 (8.31)	18.59 (11.27)	-7.91 (8.04)
Obs	33	18	15
$\bar{R}^2$	0.38	0.82	

注：①括号内的数值为系数的标准差。②** 和 * 分别代表 1%和 5%的显著性水平。

此外，为了进一步检验消费者是否具有过度敏感性，还需对模型（5-20）进行下述的参数约束检验：

$H_0: \lambda_1 = \lambda_2 = 0$，$H_1: \lambda_i$ 不全为 0

Wald 参数约束检验得到的 F（2，28）统计量为 17.35，对应的 p 值为 0.0000（得到的 $\chi^2(2)$ 统计量为 24.82，对应的 p 值为 0.0000），因此拒绝虚拟假设。

为了确定生命周期理论和持久收入假说不成立的原因，继续进行下述检验：

$H_0: \lambda_1 = \lambda_2$，$H_1: \lambda_1 > \lambda_2$

Wald 参数约束检验得到的 F（1，28）统计量为 18.12，对应的 p 值为 0.0000［得到的 $\chi^2(2)$ 统计量为 19.78，对应的 p 值为 0.0000］，因此拒绝虚拟假设。

四、实证结果分析

在表 5-3 中，首先给出了使用线性模型估计的结果，其中反映收入变动 Δy_t 的系数估计值为 0.36，在 5%的水平上显著异于 0，这表明消费者具有过度敏感性，生命周期理论和持久收入假说并不成立。

与线性模型相比，门限模型的决定系数由 0.38 上升到 0.82，模型的解释力度大为加强。更为重要的是，门限模型通过对消费者群体的进一步细分，揭示了更多的信息。

首先，第一个 Wald 参数约束检验结果表明，虚拟假设 $\lambda_1 = \lambda_2 = 0$ 不成立，这说明整体而言消费者具有过度敏感性，生命周期理论和持久收入假说不成立。然而，在模型（5-20）中，λ_2 未通过 t 检验（估计得到的参数为 0.18，标准差为 0.15），即在 5%的水平上 λ_2 不显著异于 0，这表明高收入的消费者不具有过度敏感性，生命周期理论和持久收入假说成立。而低收入群体的消费者仍具有过度敏感性，生命周期理论和持久收入假说不成立。

其次，在模型（5-20）中，对于低收入群体，Δy_t 的系数估计值为 0.68

(t 检验结果表明，λ_1 显著异于 0)，表明消费变动的 68%可以由收入变动解释；而对于高收入群体，Δy_t 的系数估计值仅为 0.18，且不显著异于 0，表明消费变动不能由收入变动来解释。第二个 Wald 参数约束检验结果也表明，$\lambda_1 > \lambda_2$。这说明生命周期理论和持久收入假说不成立并非是消费者的短视行为所引起，而是流动性约束所导致。

之所以出现上述现象，其主要原因在于：根据生命周期理论和持久收入假说，消费者应根据其一生的恒常收入（持久收入）对消费进行优化配置，从而使个人效用极大化。然而其中暗含一个横截面条件，即要求消费者每一期的收入与财富之和大于当期消费。低收入消费者的财富初始值和收入水平较低，因此流动性约束导致其无法按照生命周期理论和持久收入假说的要求对其消费水平进行最优配置，从而导致生命周期理论和持久收入假说不成立。而高收入消费者的财富水平和收入水平均较高，满足生命周期理论和持久收入假说的横截面条件，从而可以对其一生的消费进行优化配置，使其效用达到最大化，因此高收入消费者不具有过度敏感性。

最后，线性模型和门限回归模型的结果都表明，利率对消费变动的影响并不显著，这与我国的历史经验相符。从 2008 年 9 月开始，我国央行连续宣布降息，期望能够抑制居民储蓄，刺激居民消费，扩大内需，从而保持经济持续健康增长，然而成效并不显著。实证分析结果显示，利率因素对我国城镇居民的消费行为并无显著影响。除非利率波动能够大幅影响居民收入，否则中央银行的努力将很难达到预期目标。

第四节　结论

本书在假定消费者具有异质性的基础上，考虑结构突变因素的影响，应用非线性的门限回归模型考察我国城镇居民消费行为的特征。实证分析得到

的结论如下：

第一，从整体而言，消费者具有过度敏感性，生命周期理论和持久收入假说不成立。然而，进一步的分析表明，高收入群体和低收入群体的消费行为并不一致。高收入消费者不具有过度敏感性，生命周期理论和持久收入假说成立；而低收入消费者仍具有过度敏感性，生命周期理论和持久收入假说不成立。

第二，生命周期理论和持久收入假说不成立并非是消费者的短视行为所引起，而是流动性约束所导致。

第三，利率变动对居民消费行为的影响并不显著。这表明在我国当前的经济环境下，实行利率调控政策将难以影响居民消费行为。

由此给我们的启示是，政府启动居民消费应该从提高居民收入入手，尤其是注意提高低收入阶层的收入水平。实证分析结果表明，当期收入仍是决定我国居民消费的主要因素，而我国持续走低的收入增长率直接抑制了消费需求的增长。与高收入阶层相比，低收入阶层的消费倾向较大，提高他们的收入更容易带动消费、启动国内需求。另外，要降低或者避免流动性约束对居民消费的影响，政府应大力发展资本市场，建立和完善消费金融体系。具体而言，可以从以下三点入手：①加强法律法规建设，保护金融消费者的合法权益。②进一步建立和完善个人的征信制度。③鼓励和发展农村金融消费市场。通过上述措施，将有力缓解消费者面临的流动性约束，启动我国国内消费。

第五节　小结

本书首先分析了改革开放后我国居民消费率的变化情况，并对国内外相关研究进行了回顾。

其次，我们在生命周期理论和持久收入假说的基础上，应用我国2003年第一季度至2011年第二季度的经验数据，建立门限回归模型，实证分析了我国城镇居民消费行为的特征。实证研究结果表明，我国高收入居民和低收入居民的消费行为并不一致，高收入居民不具有过度敏感性，而低收入居民具有过度敏感性。进一步的分析表明，低收入居民对收入的过度敏感性不是由消费者的短视行为所引起，而是由流动性约束所导致。此外，研究发现利率变动对居民消费行为的影响并不显著。这表明在我国当前的经济环境下，实行利率调控政策将难以影响居民的消费行为。

最后，我们提出了针对性的政策建议。

第六章　消费信贷对城镇居民消费的影响

本书从就业结构变动、收入差距变动和消费结构变迁等方面实证研究了产业结构升级对居民消费率的影响。然而除了上述因素外，消费信贷和社会保障也是影响我国居民消费率的重要因素，因此在本章我们将讨论消费信贷对城镇居民消费率的影响（因为缺乏农村居民消费信贷方面的数据，所以本章只讨论消费信贷对城镇居民消费率的影响）。

第一节　研究背景与文献综述

自 1978 年改革开放以来，我国经济发展取得了举世瞩目的巨大成就。GDP 由 1978 年的 3650 亿元上升至 2014 年的 636138 亿元，按可比价格计算增长了近 27 倍；城镇居民的人均可支配收入由 1978 年的 343.4 元上升至 2014 年底的 28843.85 元，按可比价格计算增长了近 13 倍。然而，我国居民消费增长却远低于收入增长，居民消费水平长期处于低位，最终消费率由高峰时期的 67.43%（1983 年）一路下滑至 2014 年的 51.42%，已成为影响我国经济持续、平稳、健康增长的因素之一。[①]

① 中经网统计数据库，http：//db.cei.gov.cn/page/Default.aspx。

与此同时，我国城镇居民的消费信贷业务迅速增长（见表 6–1）。城镇居民的消费信贷始于 20 世纪八九十年代，当时作为扩大内需、带动经济增长的政策措施而被提出。1997 年，我国消费信贷余额为不足 1000 亿元，占 GDP 的比重不到 1%；而 2014 年消费信贷余额增至 132128.57 亿元，占 GDP 的比重为 20.75%[①]。

表 6–1 我国各个地区居民消费信贷增长情况

单位：万元

年份	全国	东部地区	中部地区	西部地区	东北地区
1999	78835.6077	37542.9872	15710.2819	15064.2681	10518.0705
2000	86503.1155	43119.8019	16832.1968	15559.2770	10991.8398
2001	97266.2912	49780.6774	18355.6305	17345.7774	11784.2059
2002	114460.401	60700.3562	21069.3571	19761.6219	12929.0658
2003	139353.6385	76772.0050	24691.8683	23397.2980	14492.4672
2004	158455.4683	89502.7816	27498.4830	26227.2434	15226.9603
2005	173709.6374	101274.1806	29154.8377	28331.1422	14949.4769
2006	204557.4006	118265.5620	33552.9749	32827.9153	19910.9484
2007	238263.3487	139126.4341	38543.0602	38324.2644	22269.5900
2008	270158.6453	160753.5408	43276.9650	44964.9683	21163.1712
2009	360665.6375	216927.0452	56166.4475	60427.4692	27144.6756
2010	446557.55	268481.6700	69055.9300	75893.7700	33126.1800
2011	513430.6813	304959.2336	79254.6440	89710.2169	39506.5868
2012	590325.892	344215.7889	94123.2958	106618.0410	45368.7663
合计	3472543.315	2011422.0645	567285.9727	594453.2730	299382.0047

资料来源：各年度《中国统计年鉴》和中国人民银行公布的各年度《区域金融运行报告》。

由此产生的问题是：消费信贷变化对我国城镇居民消费波动有何影响？如何揭示并且描述消费信贷变化对城镇居民消费影响的作用机理及冲击效应？最后，该种作用机理和冲击效应给政策制定者带来何种启示？

① 资料来源：《中国统计年鉴》(2014) 和《2014 年中国区域金融运行报告》。

弗里德曼的持久收入假说（Permanent Income Hypothesis，下文简记为PIH）和莫迪利阿尼的生命周期假说（Life Cycle Hypothesis，下文简记为LCH）都认为消费者的消费取决于他们的收入，在其一生中收入与消费之间的比例关系是基本稳定的。然而，决定其消费水平的收入并不是消费者的即期收入，而是其恒常收入。但是LCH-PIH并没有合理解释未来的不确定因素对居民消费的影响。为此，Hall（1978）将理性预期引入持久收入假说，指出居民的消费服从随机游走过程（Random Walk），因此我们不能根据居民收入的变化来预测消费的变化。实证分析的结果大都认为LCH-PIH不成立。例如，Flavin（1981）研究发现，消费具有过度敏感性，即当期消费深受当期收入的影响。Zeldes（1989）指出，LCH-PIH之所以不成立，原因有二：其一，部分消费者具有短视行为，无法合理预测其终身收入。其二，部分消费者由于流动性约束而无法进行最优的跨期消费决策，仅能依靠当期收入进行消费决策。

由于消费信贷是影响居民流动性约束的重要因素之一，因此国内外研究者对消费信贷与居民消费之间的关系进行了大量研究。Jappelli和Pagano（1989）考察美国、英国、希腊、日本等七国的消费信贷和流动性约束对消费的影响时发现，消费信贷对居民消费有显著影响，而且各国的消费信贷敏感系数与消费信贷发展程度呈现负相关关系，由此他们认为消费信贷限制所产生的流动性约束是引致过度敏感性的主因。Smith和Song（2005）考察个人消费信贷对澳大利亚居民消费的影响时也发现，无论是住房贷款还是其他个人贷款，都对该国居民消费有显著影响。此外，Beaton（2009）、Carroll（2001）和Ludvigson（1999）等都认为消费信贷变化将会通过流动性约束影响居民消费。然而，关于消费信贷对居民消费具有促进效应还是负面效应，学者们并未达成一致。

臧旭恒（2012）在坎贝尔的理论基础上，根据我国各个省、自治区和直辖市2004~2009年的宏观经济数据，建立面板数据模型，实证分析了消费信贷对城镇居民消费的影响。他的研究结果显示，城镇居民消费对信贷水平变动具有显著的“过度敏感性”，且消费信贷增加能缓解居民面临的流动性约束，提高居民消费水平。黄倩（2015）通过建立微观计量模型，运用 Heckman 两步法实证分析消费信贷对家庭消费的影响时发现，消费信贷对居民消费水平的提高有显著作用。余永定（2000）也指出我国城镇居民的消费行为具有显著的转轨时期特征，降低实际利率或者提高城镇居民的工资性收入对于扩大国内需求的提振作用有限，而发展消费信贷可以有效提高居民消费水平。此外，蔡浩仪（2005）、陈东（2013）和赵霞（2006）等的研究均表明，消费信贷的发展确实能够缓解流动性约束，有利于提高居民消费。

然而，也有部分学者持有不同意见。贾良定（2001）认为现阶段我国金融市场尚未发育成熟，居民还没有形成借贷消费的习惯，消费信贷对于扩大内需、带动居民消费的效果并不显著。吴龙龙（2010）也指出，消费信贷对于居民消费不仅具有正面的促进效应，同时也有负面效应。由于消费信贷规模、贷款比例、贷款期限以及贷款利率等因素的影响，很多情况下消费信贷的总效果表现为挤出效应。此外，王东京（2004）、林晓楠（2006）等也认为消费信贷将加大居民的债务水平，导致居民对未来收入的提前消费，从而降低居民的长期购买力，最终将对长期消费产生抑制作用。

综观上述相关文献，由于各位学者的研究方法和考察样本不同，最终得到的研究结果也有所差异。归纳起来，他们的研究主要存在以下不足：首先，各位学者在实证分析中均假定消费者为同质的，即消费者具有相同的行为特征，但这个假定条件过于严格且与现实经济并不吻合。消费者的收入、环境以及对未来的预期等方面的差异都可能导致其消费决策的改变。其次，大部分学者假定模型具有参数稳定性而没有考虑结构突变问题，但事实上居民的消费行为可能会因为收入等的改变而发生变化。最后，从研究方法来看，上述学者均是在线性模型的研究框架内进行分析的，因此无法测度由于制度、收入等因素改变所导致的消费决策改变。

为了弥补上述不足，本书在假定消费者具有异质性的基础上，尝试应用非线性的面板平滑转换模型（Panel Smooth Transition Model，后文简记为

PSTR 模型)，实证研究消费信贷和流动性约束对我国城镇居民消费水平的非线性影响，以期准确刻画消费信贷对城镇居民消费影响的作用机理以及冲击效应，最后提出有针对性的政策建议。

第二节　模型构建

本书参考 Campbell 和 Mankiw（1991）的“λ 模型”理论，假定消费者由两个不同的群体组成，第一个群体中的消费者由于其短视行为或者受流动性约束的影响，其即期消费完全由即期的收入水平决定；而第二个群体中的消费者是具有远见的理性预期者，各期消费由其终身收入决定，他们追求流动性约束下的期望效用极大化。

我们假定第一个群体中消费者的收入为 Y_{1t}，占总收入 Y_t 的比重为 λ；而第二个群体中消费者的收入为 Y_{2t}，占总收入 Y_t 的比重为 $1-\lambda$。即：

$$Y_{1t}=\lambda Y_t \tag{6-1}$$

$$Y_{2t}=(1-\lambda)Y_t \tag{6-2}$$

$$Y_t=Y_{1t}+Y_{2t}=\lambda Y_t+(1-\lambda)Y_t \tag{6-3}$$

根据假设可知，第一个群体中消费者的消费水平等于其当期收入，即 $C_{1t}=Y_{1t}$，对其两边均取对数后，他们的消费波动可用下式刻画：

$$\Delta c_{1t}=\Delta y_{1t}=\lambda\Delta y_t \tag{6-4}$$

其中，$c_{1t}=\ln C_{1t}$，$y_t=\ln Y_t$。

第二个群体中消费者的消费行为服从 LCH-PIH，代表性的消费者将追求终身期望效用的极大化，即：

$$\text{Max } E_t\left[\sum_{j=0}^{\infty}\left(\frac{1}{1+\delta}\right)^j U(c_{t+j})\right] \tag{6-5}$$

其中，δ 为代表性消费者的时间偏好。

假定消费者的即期效用函数为常相对风险规避型效用函数（Constant Relative Risk Aversion Utility Function，简记为 CRRA 效用函数），其具体形式表述如下：

$$U(c_t)=c_t^{1-\frac{1}{\sigma}}\Big/\left(1-\frac{1}{\sigma}\right),\ \sigma>0,\ U'(\cdot)>0,\ U''(\cdot)<0 \tag{6-6}$$

其中，σ 为跨期替代弹性。

那么这些消费者面临的预算约束为：

$$A_{t+j+1}=(1+r_{t+j})(A_{t+j}+Y_{t+j}-C_{t+j}),\ j=0,\ 1,\ \cdots,\ \infty \tag{6-7}$$

$$A_{t+j}\geqslant 0,\ j=0,\ 1,\ \cdots,\ \infty \tag{6-8}$$

其中，A_t、C_t、Y_t 分别代表消费者在第 t 期的实际资产、实际消费和实际收入，r_t 代表第 t 期的实际利率。上述的式（6–7）、式（6–8）代表了消费者面临的预算约束，即任一消费者在每期的净资产不得为负。

由此，在满足约束条件（6–7）和（6–8）的情况下，消费者满足模型（6–5）中目标函数极大化的欧拉方程的一阶条件为：

$$E_{t-1}C_t^{\frac{1}{\sigma}}=E_{t-1}\left(\frac{1+r_t}{1+\delta}\right)C_{t-1}^{\frac{1}{\sigma}} \tag{6-9}$$

式（6–9）表明在消费者具有理性预期的条件下，其消费行为的跨期最优决策受市场实际利率 r 和跨期替代弹性 σ 的影响。对式（6–9）两边取自然对数，可以得到式（6–10）：

$$E_{t-1}c_t-c_{t-1}=a+\sigma E_{t-1}r_t \tag{6-10}$$

其中，$c_t=\ln C_t$，$a=-\sigma\ln(1+1/\sigma)$。由于实际利率 r_t 很小，因此式（6–10）中 $r_t\approx\ln(1+r_t)$。

由于我们假定消费者为具有远见的理性预期行为人，因此消费者的实际消费为预期值加上预测误差，则：

$$c_t=E_{t-1}c_t+u_t \tag{6-11}$$

$$r_t=E_{t-1}r_t+\nu_t \tag{6-12}$$

那么，模型（6–10）又可以改写为：

$$\Delta c_t = a + \sigma r_t + w_t \tag{6-13}$$

其中，$w_t = u_t - \sigma\nu_t$。

同时，由于第二个群体中消费者占总人口的比重仅为 $1-\lambda$，那么：

$$\Delta c_{2t} = (1-\lambda)(a + \sigma r_t + w_t) \tag{6-14}$$

由于 $\Delta c_t = \Delta c_{1t} + \Delta c_{2t}$，因此我们可以通过检验下式来考察 LCH–PIH 是否成立：

$$\Delta c_t = (1-\lambda)a + \lambda\Delta y_t + (1-\lambda)\sigma r_t + (1-\lambda)w_t = k + \lambda\Delta y_t + \beta r_t + \varepsilon_t \tag{6-15}$$

其中，$k=(1-\lambda)a$，$\beta=(1-\lambda)\sigma$，$\varepsilon_t=(1-\lambda)w_t$。

在模型（6–15）中，如果 $\lambda=0$ 成立，则表明消费者并不具有过度敏感性特征，LCH–PIH 成立；反之，如果 $\lambda\neq 0$，则表明消费者具有过度敏感性特征，LCH–PIH 不成立。

进一步，为了考察消费信贷因素对我国城镇居民消费率的影响，本书参考 Bacchetta（1997）、臧旭恒（2012）等学者的做法，在模型（6–15）中纳入反映消费者信贷条件变化的变量，因此模型变为：

$$\Delta c_t = k + \lambda\Delta y_t + \beta r_t + \alpha\Delta credit_t + \varepsilon_t \tag{6-16}$$

其中，$\Delta credit$ 代表消费信贷条件的变化。该模型暗含的含义是：在国民经济中，如果有一部分消费者受到流动性约束的影响，那么该经济体的总消费水平将对收入变动和信贷条件变动同时存在过度敏感性。同时，与以往的文献相比，居民个人消费信贷条件的变化反映了消费者所面临的流动性约束条件的变化，从而可以更好地测度消费者是否受到流动性约束这一因素的制约。因此，本书拟以模型（6–16）作为基准计量模型，分析消费信贷条件变化对我国城镇居民消费率的影响。

式（6–16）表明，城镇居民消费率波动受收入水平和利率变化的影响，为此我们可以把它改写为如下形式的面板数据模型：

$$\Delta c_{it} = \mu_i + \alpha_1\Delta y_{it} + \alpha_2\Delta credit_{it} + \alpha_3 r_{it} + \varepsilon_{it} \tag{6-17}$$

其中，μ_i 代表截距项（反映了横截面个体差异）；α_1、α_2 和 α_3 为待估参

数；ε_{it} 代表随机误差项。

第三节 研究方法

上述线性模型没有考虑结构变化问题，即不同收入居民的消费行为可能不同。Morgan（1993）等认为，由于消费者收入、对未来的预期、流动性约束等因素的存在，消费信贷条件的变化对消费的冲击具有非线性和非对称性的特征。然而，面板数据模型（6–17）无法刻画出该特征，所以本书将上述模型扩展为如下非线性的 PSTR 模型：

$$\Delta c_{it}=\mu_i+\alpha_1\Delta y_{it}+\alpha_2\Delta credit_{it}+\alpha_3 r_{it}+(\beta_1\Delta y_{it}+\beta_2\Delta credit_{it}+\beta_3 r_{it})G(q_{it},\ \gamma,\ c)+\varepsilon_{it} \tag{6-18}$$

Granger（1993）和 Teravirta（1994）提出了非线性的平滑转换模型（Smooth Transition Model，简称为 STR 模型），在其基础上，Gonzalez（2004，2005）和 Fok（2003）等提出了非线性的 PSTR 模型。

在模型（6–18）中，$G(q_{it},\ \gamma,\ c)$ 表示转换函数，正是该函数的存在导致模型具有非线性特征。转换函数 $G(q_{it},\ \gamma,\ c)$ 是一个值域为［0，1］的有界、连续函数。在转换函数 $G(q_{it},\ \gamma,\ c)$ 中，q_{it} 为阈值变量（该变量可以是模型的某一随机变量，也可以是各个随机变量的线性组合，甚至可以是单纯的时间趋势 T）；γ 为决定上述模型机制转换速度的平滑参数；c 为阈值参数，它决定了模型位置和时间节点。因此，转换函数 $G(q_{it},\ \gamma,\ c)$ 的性质由平滑参数 γ、阈值参数 c 和阈值变量 q_{it} 三者共同决定。

对于 PSTR 模型，常见的转换函数 $G(q_{it},\ \gamma,\ c)$ 一般具有如下形式：

$$G(q_{it},\ \gamma,\ c)=\left[1+\exp\left(-\gamma\prod_{m-1}^{M}(q_{it}-c_m)\right)\right]^{-1},\ \gamma>0,\ c_1\leqslant c_2\cdots\leqslant c_m \tag{6-19}$$

其中，m 反映了模型机制状态的个数。如果 $m=1$，表明模型只有一个阈值参数、两种机制状态；如果 $m=2$，表明模型具有两个阈值参数、三种机制状态。在实证分析中，m 通常选择 1 或者 2。

在式（6–19）中，m 取值为 1 时，转换函数形式如下：

$$G(q_{it}, \gamma, c)=[1+\exp(-\gamma\times(q_{it}-c_m))]^{-1}, \gamma>0 \tag{6–20}$$

此时，对应的 PSTR 模型为两机制的面板平滑转换模型。当阈值变量 q_{it} 趋于负无穷时，转换函数 $G(q_{it}, \gamma, c)$ 趋于 0，模型处于低机制（Low Regime）状态；反之，当阈值变量 q_{it} 趋于正无穷时，转换函数 $G(q_{it}, \gamma, c)$ 趋于 1，模型处于高机制（High Regime）状态。随着转换函数 $G(q_{it}, \gamma, c)$ 的取值在（0，1）之间的平滑转换，模型也在低机制状态和高机制状态之间平滑转换。此外，如果平滑参数 γ 趋于正无穷，当阈值变量 q_{it} 大于 c 时，转换函数 $G(q_{it}, \gamma, c)$ 的取值将趋于 1；反之，当阈值变量 q_{it} 小于 c 时，转换函数 $G(q_{it}, \gamma, c)$ 的取值将趋于 0。这时，PSTR 模型将退化为面板门限回归模型（Panel Data Threshold Regression Model，PTR）。满足该种形式转换函数的 PSTR 模型通常也被称为 LPSTR1 模型。

在式（6–19）中，当 m 取值为 2 时，转换函数形式表述如下：

$$G(q_{it}, \gamma, c)=[1+\exp(-\gamma\times(q_{it}-c_1)\times(q_{it}-c_2))]^{-1}, \gamma>0 \tag{6–21}$$

其中，c_1 和 c_2 为阈值参数。

PSTR 模型（6–21）为三机制的面板平滑转换模型，其转换函数 $G(q_{it}, \gamma, c)$ 关于点 $\left(\frac{c_1+c_2}{2}\right)$ 对称。当阈值变量 q_{it} 的取值趋近于无穷时，转换函数 $G(q_{it}, \gamma, c)$ 的取值趋近于 1，此时模型处于所谓的外机制状态；而当阈值变量 q_{it} 等于 $\frac{c_1+c_2}{2}$ 时，转换函数 $G(q_{it}, \gamma, c)$ 取得极小值，此时模型处于中间机制状态。满足该种形式转换函数的 PSTR 模型通常也被称为 LPSTR2 模型。

第四节 实证分析

一、数据来源与变量定义

本书实证研究中所应用的原始数据均来源于各年度《中国统计年鉴》、中国人民银行公布的各年度《区域金融运行报告》以及中经网统计数据库（http：//db.cei.gov.cn/page/Default.aspx），所采用的资料为省级面板数据，研究范围为我国大陆地区各省、自治区和直辖市，样本考察期限为2004~2013年。

其中，变量consumption代表城镇居民消费，实证中应用我国城镇家庭各个年度的人均消费支出（单位：元）；变量income代表收入，实证中应用我国城镇家庭各个年度的人均可支配收入（单位：元）；变量credit代表消费信贷，实证分析中应用各个省市区的个人消费贷款总额作为代理变量（单位：元）；变量r代表实际利率，即名义利率减去通胀水平，实证分析中应用的名义利率为我国金融机构的法定短期贷款利率（一年），而度量通胀水平的变量为各个省市区的消费者价格指数。

在实证分析中，模型中对于代表消费、收入和消费信贷的三个变量consumption、income和credit均先取自然对数而后进行差分处理，处理后应用于实证分析的变量分别为Δc、Δy和Δcredit。此外，在实证研究之前所有变量均进行了物价调整（基期为2004年）。表6-2给出了实证分析中各变量的描述性统计特征。

表 6-2 各变量的描述性统计特征

统计量	Δc	Δy	Δcredit	r
平均值	0.07	0.08	0.13	2.83
中位数	0.07	0.09	0.12	3.13
极大值	0.17	0.17	4.30	7.66
极小值	-0.36	-0.07	-4.00	-4.78
标准差	0.04	0.02	0.56	1.96
偏态系数	-4.40	-0.83	-1.02	-0.63
峰态系数	48.90	9.94	36.59	4.00
观测值个数	289	289	289	289

二、模型设定形式检验

由于样本数据跨度有 10 年，因此在对模型进行估计和分析之前应先对各个变量进行面板单位根检验，以避免谬误回归。本书为了使面板单位根检验结果更加稳健，同时使用 Levin、Lin 和 Chu（2002）提出的 LLC 方法和 Im、Pesaran 和 Shin（1997）提出的 IPS 面板单位根检验方法进行面板单位根检验，检验结果如表 6-3 所示。

表 6-3 各个变量的平稳性检验

检验方法	变量	检验统计量	对应的 p 值	检验结果
LLC 检验方法	Δc	-21.11	0.00	平稳
	Δy	-14.56	0.00	平稳
	Δcredit	-11.79	0.00	平稳
	r	-17.63	0.00	平稳
IPS 检验方法	Δc	-3.38	0.01	平稳
	Δy	-6.56	0.00	平稳
	Δcredit	-5.39	0.00	平稳
	r	-2.11	0.02	平稳

注：显示性水平为 5%。

通过上述面板单位根检验我们发现，在5%的显著性水平下，变量Δc、Δy、Δcredit和r均为平稳序列。因此，我们可以对模型进行估计和检验。

对于模型（6-18），我们必须解决以下两个问题：其一，模型是否具有非线性特征？其二，如果模型具有显著的非线性特征，那么我们应该采用何种形式的转换函数？

消费信贷对于城镇居民消费的影响是具有线性效应还是非线性效应？实证分析中我们应该选用线性面板数据模型（6-17）还是非线性的PSTR模型（6-18）？根据Gonzalez（2005）等学者的理论，对于模型的非线性效应检验应该基于其转换函数的三阶泰勒展开式（即将其转换函数在原点进行三阶泰勒展开），并将其泰勒展开式作为转换函数的近似式代入回归模型（6-18）。为了表述方便，我们这里定义 $x_{it}=(1,\ \Delta y_{it},\ \Delta credit_{it},\ r_{it})$，$q_{it}=(income_{it})$，即认为随着收入的变化，消费者的行为模式将发生改变。由此我们可以建立如下形式的辅助回归：

$$C_{it}=x_{it}\beta_0+x_{it}q_{it}\beta_1+(x_{it}q_{it}^2)\beta_2+(x_{it}q_{it}^3)\beta_3+\varepsilon_{it} \tag{6-22}$$

Gonzalez、Teravirta和Dijk（2004，2005）提出应用LM统计量来检验模型是否具有非线性特征。其对应的原假设和备择假设如下：

$H_0:\beta_1=\beta_2=\beta_3=0$，$H_1:\beta_{jt}$不全为0。

相应的LM检验统计量为：

$$LM=T\times N\times\frac{SSR_0-SSR_1}{SSR_0} \tag{6-23}$$

其中，T代表时间期数；N代表横截面单元数量；SSR_0代表在原假设下受约束回归的残差平方和；SSR_1代表无约束回归模型对应的残差平方和。

在大样本条件下，LM统计量渐进服从自由度为3×k的卡方分布。

在原假设成立的条件下，模型不具有显著的非线性特征，此时模型将退化为一个线性的面板数据模型；反之，如果我们拒绝原假设，则表明模型具有显著的非线性特征，实证分析中选用PSTR模型更为合理。

如果回归模型具有显著的非线性特征，下一步我们应当确定回归模型转换函数 $G(q_{it}, \gamma, c)$ 的具体形式。为此，我们需要对 PSTR 模型（6–18）进行递归的 LM 检验，以确定其转换函数 $G(q_{it}, \gamma, c)$ 的具体形式。此时，依次进行检验的虚拟假设分别为：$H_{01}: \beta_3 = 0$；$H_{02}: \beta_2 = 0/\beta_3 = 0$；$H_{03}: \beta_1 = 0/\beta_2 = \beta_3 = 0$。如果虚拟假设 $H_{01}: \beta_3 = 0$ 或 $H_{03}: \beta_1 = 0/\beta_2 = \beta_3 = 0$ 被最强烈地拒绝，则此时转换函数 $G(q_{it}, \gamma, c)$ 通常应该选择 LPSTR1 模型形式；反之，如果虚拟假设 $H_{02}: \beta_2 = 0/\beta_3 = 0$ 被最强烈地拒绝，则我们应该选择 LPSTR2 模型形式的转换函数 $G(q_{it}, \gamma, c)$。在表 6–4 中我们给出了对模型（6–18）进行非线性检验和递归的 LM 乘数检验结果。

表 6–4 回归模型（6–18）递归检验结果

模型设定检验	LM 统计量
$H_0: \beta_1 = \beta_2 = \beta_3 = 0$	35.98^{***} (0.0000)
$H_{01}: \beta_3 = 0$	22.12^{***} (0.0085)
$H_{02}: \beta_2 = 0/\beta_3 = 0$	15.93^{*} (0.0847)
$H_{03}: \beta_1 = 0/\beta_2 = \beta_3 = 0$	29.66^{***} (0.0004)
选用模型	LPSTR1 模型

注：①括号内给出的是精确的 p 值。②***、**、* 分别代表 1%、5%和 10%的显著性水平。

由表 6–4 给出的检验结果可知，在 5%的显著性水平下，模型（6–18）拒绝虚拟假设 $H_0: \beta_1 = \beta_2 = \beta_3 = 0$。这说明回归模型（6–18）具有显著的非线性特征，此时选择 PSTR 模型更为合理。进一步的递归检验结果显示，虚拟假设 $H_{03}: \beta_1 = 0/\beta_2 = \beta_3 = 0$ 被最强烈地拒绝，这表明实证分析中 PSTR 模型（6–18）的转换函数应该采用 LPSTR1 形式。

三、模型的参数估计

在实证分析中，我们以收入为阈值变量（即城镇居民的人均可支配收入）。因此，在确定了 PSTR 模型（6–18）的阈值变量和转换函数 $G(q_{it}, \gamma, c)$ 的形式之后，接下来应该对模型（6–18）进行参数估计。然而，由于非线性转换函数 $G(q_{it}, \gamma, c)$ 的存在使得平滑参数 γ 和阈值参数 c 无法同时识别，因而，PSTR 模型参数估计的一个关键问题在于其阈值参数 c 和平滑参数 γ 初值的设定。对于 c 和 γ 初值的确定，常见的方法是模拟退火法（Simulated Annealing）和网格搜索法（Grid Search）。

在实证分析中，本书采取的是二维网格搜索法。我们以城镇居民的人均可支配收入为阈值变量，对于平滑参数 γ，本书通过构造（0.50，300.50）的样本区间、选择步长为 1.00，而对于阈值参数 c，本书通过构造（7800.00，42000.00）的样本区间［这里根据 Hansen（1996，1999）的建议，忽略了两端的部分观察值］、选择步长为 100.00，进行二维网格搜索。即在搜索范围内任意取一组阈值参数 c 和平滑参数 γ，计算出相应回归模型所对应的残差，通过求解出残差平方和最小时所对应的阈值参数 c 和平滑参数 γ，最后将其作为下面进行非线性优化估计时所对应的初始值。

最后，我们通过搜索得到阈值参数 c 和平滑参数 γ 的初始值分别为 9076.85 和 281.23，然后将其代入 PSTR 模型（6–18），利用序贯的牛顿—拉夫松（Newton–Raphson）方法求解出其极大条件的似然函数，这样就可以估计得到 PSTR 模型（6–18）中的各个参数，估计结果如表 6–5 所示。

表 6–5　PSTR 模型（6–18）的参数估计结果

	待估参数	估计值	标准差
线性部分参数	α_0	0.0030	0.0120
	α_1	2.2917***	0.1523
	α_2	0.0040***	0.0006
	α_3	–0.0028	0.0067

续表

	待估参数	估计值	标准差
非线性部分参数	β_0	-0.0020	0.0121
	β_1	-1.3458^{***}	0.1682
	β_2	-0.0013^{*}	0.0007
	β_3	0.0045	0.0064
	γ	289.6923	4597.8209
	c	9069.5844^{***}	31.2855
	$\bar{R}^2$	0.6386	
	AIC	-7.5926	
	SC	-7.4624	

注：***、**、* 分别代表 1%、5%和 10%的显著性水平。

四、模型的稳健性检验

为了进一步检验和评价模型估计结果，在对 PSTR 模型（6-18）进行参数估计后，还需进行稳健性检验。首先，我们检验模型是否还残留有非线性效应，表 6-6 给出了检验结果。

表 6-6 模型（6-18）残留非线性效应检验结果

模型设定检验	LM 统计量
H_0：$\beta_{21}=\beta_{22}=\beta_{23}=0$	4.14 (0.90)
H_{01}：$\beta_{23}=0$	7.56 (0.58)
H_{02}：$\beta_{22}=0/\beta_{23}=0$	6.15 (0.72)
H_{03}：$\beta_{21}=0/\beta_{22}=\beta_{23}=0$	8.09 (0.53)

注：括号内给出的是精确的 p 值。

由表 6-6 给出的递归检验结果可知，在 5%的显著性水平下，回归模型不具有非线性特征，即模型没有残留的非线性效应。

之后，我们对模型（6-18）的回归残差进行平稳性检验，检验结果如表 6-7 所示。

表 6-7　模型残差面板单位根检验

检验方法	检验统计量	对应的 p 值	结论
LLC	-17.32	0.00	平稳
IPS	-7.97	0.00	平稳

表 6-7 给出的模型残差面板单位根检验结果表明，PSTR 模型（6-18）的回归残差是平稳序列（显著性水平为 1%）。

之后，我们应用 Box-Pierce（1970）的 Q 统计量来检验残差是否存在自相关。由检验结果可知，当滞后阶取 1 时，LM 统计量为 3.18，对应的 p 值为 0.08；当滞后阶取 2 时，LM 统计量为 2.21，对应的 p 值为 0.11；当滞后阶取 6 时，LM 统计量为 1.41，对应的 p 值为 0.21。由上述检验结果可知，在 5%的显著性水平下，模型残差并没有存在自相关（见表 6-8）。

表 6-8　模型残差面板单位根检验

滞后阶	1	2	3	4	5	6
Q 统计量	3.25	4.15	6.91	8.07	8.54	8.80
p 值	0.07	0.13	0.08	0.09	0.13	0.19

上述检验结果表明，PSTR 模型（6-18）未残留有非线性效应，回归残差为平稳序列且不存在自相关。基于上述残差检验结果，我们判断 PSTR 模型（6-18）的估计结果具有一致性和稳健性，因此我们可以应用该模型的估计结果进行经济意义分析。

第五节　研究结论

PSTR 模型（6-18）的估计结果刻画了消费信贷和流动性约束对城镇居民消费率波动影响的作用机理和状态转换特征，即消费信贷条件变化对城镇居民消费波动的影响具有显著的非线性特征，并且其机制转换特征可以用 LSTR1 模型来表述。

实证分析估计得到 PSTR 模型（6-18）的阈值参数 $c = 9069.58$，这表明如果城镇居民收入低于 9069.58 元时，转换函数 $G(q_{it}, \gamma, c)$ 的取值将趋于 0，那么 PSTR 模型（6-18）将处于低机制区；反之，如果城镇居民收入高于 9069.58 元，转换函数 $G(q_{it}, \gamma, c)$ 的取值将趋于 1，那么 PSTR 模型将处于高机制区；当城镇居民收入在 9069.58 元附近时，消费信贷对我国城镇居民消费波动的影响将在高低两个机制之间平滑转换，而且由于平滑参数 γ 为 289.69，模型在不同机制之间的转换速度非常快。

我们根据 Campbell 和 Mankiw（1991）的理论对收入敏感性系数 λ 进行显著性检验，发现无论是 α_1 还是 $\alpha_1 + \beta_1$ 均显著不为 0，这一检验结果表明无论是低收入的消费者还是高收入的消费者均具有过度敏感性，弗里德曼和莫迪利阿尼的 LCH-PIH 不成立。进一步分析发现，对于低收入消费者而言，其收入敏感性系数 α_1 的估计值为 2.29；而高收入群体消费者的收入敏感性系数 $\alpha_1 + \beta_1$ 的估计值为 0.94（高收入消费者收入敏感性系数为线性部分估计值加上非线性部分估计值），这表明不同收入消费者的收入敏感程度并不一致。与高收入群体相比，低收入群体对收入波动更具敏感性。之所以出现上述现象，主要原因在于：基于 LCH-PIH 理论，消费者应根据其一生的恒常收入（持久收入）对消费进行优化配置，从而使个人效用极大化。然而，其中暗含一个横截面条件，即要求消费者每一期的收入和财富之和大于当期消费，而由于流动性约束的影响，大部分消费者无法做到这点，从而导致消费者具有过度敏感性特征。另外，与低收入消费者相比，高收入消费者的财富水平和收入水平均较高，其消费的跨期优化配置能力要高于低收入消费者，因此高收入消费者的收入敏感性系数要低于低收入消费者。

进一步，我们考察消费信贷条件变化对消费波动的影响。从 PSTR 模型（6-18）的估计结果可知，消费信贷对居民消费有促进作用，消费信贷提高有利于缓解流动性约束对城镇居民消费的负面影响。另外，与收入变化对消费波动的影响相类似，城镇居民消费同样对消费信贷具有过度敏感性。虽然估计得到的城镇居民的消费信贷敏感性系数仅为 0.0040 和 0.0027，但通过了显著性检验。对于低收入城镇居民而言，个人消费信贷增加（或减少）1 个百分点，居民消费率将增加（或减少）0.004 个百分点；对于高收入城镇居民而言，个人消费信贷增加（或减少）1 个百分点，居民消费率将增加（或减少）0.0027 个百分点。不同收入群体城镇居民的消费信贷敏感性系数并不相同，低收入群体居民消费对信贷变化更为敏感。这进一步说明，低收入群体居民消费波动受收入和消费信贷的影响更大并不是其短视行为造成的，而是受流动性约束的影响。

实证分析结果同时表明，实际利率对消费波动并无显著影响。无论是低收入消费者还是高收入消费者，其系数均未通过显著性检验，这一结论也与我国的历史经验相符。从 2007 年 12 月开始，央行连续 6 次宣布降息，期望能够抑制居民储蓄，刺激居民消费，扩大内需，从而保持经济持续健康增长，然而成效并不显著。

上述实证分析结果进一步表明，流动性约束是造成我国城镇居民消费率偏低的原因之一。发展消费信贷可以缓解流动性约束，有助于提高居民消费率。

第六节　小结

本章首先分析了改革开放后我国居民消费率变化和个人消费信贷发展情况，并对国内外相关研究进行了回顾。其次，我们在 Campbell 和 Mankiw 理论的基础上，构建了包含消费信贷因素的消费理论模型，应用我国各个省、自治区和直辖市 2004~2013 年的数据，建立了 PSTR 模型，实证分析了消费信贷对城镇居民消费的影响。

实证分析结果表明，城镇居民对于收入变化和消费信贷变化均具有过度敏感性，但是高收入群体的收入敏感性系数和消费信贷敏感性系数均低于低收入群体，而利率变动对居民消费行为的影响并不显著。对于低收入城镇居民而言，个人消费信贷增加（或减少）1 个百分点，居民消费率将增加（或减少）0.004 个百分点；对于高收入城镇居民而言，个人消费信贷增加（或减少）1 个百分点，居民消费率将增加（或减少）0.0027 个百分点。进一步的分析表明，居民对于收入变化和消费信贷变化具有过度敏感性并非是消费者的短视行为所引起，而是流动性约束所导致。

第七章　收入不确定性对城镇居民消费的影响

改革开放以来，我国在经济增长方面取得了举世瞩目的成就，但是居民面临的不确定性也大大增强，住房、教育、失业、医疗、养老等方面的制度建设仍然落后于广大居民的需求。为了应对上述可能的风险，城镇居民强化了他们的储蓄意愿，并相应地减少其当期的消费支出。在本章中，我们将探讨转型时期收入不确定性对城镇居民消费的影响。

第一节　研究背景与文献综述

扩大内需特别是提高城镇居民消费，是确保我国经济持续发展的关键。影响城镇居民消费的因素很多，未来的不确定性因素则是其中一个重要考量。凯恩斯（J. M. Keynes，1936）的绝对收入假说、杜森贝利（J. Dusenberry，1949）的相对收入假说、弗里德曼（Milton Friedman，1956）的持久收入假说以及莫迪利阿尼（Franco Modigliani，1954）的生命周期假说均是在确定性条件这一理论框架内考察居民的消费决策。这些假说不约而同均假设消费者具有完全理性，可以在约束条件下通过跨期平滑来实现其效用极大化的目标。

然而，上述学者的结论并未得到实证研究的支持。弗里德曼（1956）的持久收入假说以及莫迪利阿尼（1954）的生命周期假说对现实经济的苛刻假定饱受学者诟病。而不确定性的引入推动了消费理论的进一步发展。随着不确定性的引入，消费理论呈现出多样化的发展趋势，其对现实的解释力也越来越强。例如，Hall（1978）的消费随机游走假说、Dynan（1993）和 Leland（1968）的预防性储蓄假说、Flavin（1981，1985）的消费过度敏感性假说、Lusardi（1998）的消费最优财富比假说以及 Carrol（1998）的缓冲库存储蓄假说等理论均将未来的不确定性这一因素纳入分析中，使得居民的消费理论与现实社会更加吻合。因此，鉴于不确定性对居民消费有较大的影响，降低不确定性对于释放居民的消费潜力意义重大。

国内学者对这方面的研究也很多。徐会奇等（2013）选择心理偏差率作为工具，测度了居民面临的未来不确定性及其对消费行为的影响。他的研究结果显示，我国东部地区、中部地区和西部地区的心理偏差率均在零值附近，但西部地区各个省市区消费者的波动幅度略高于全国平均水平，这说明不确定性因素对西部地区居民消费行为的影响最大。杨瑞琼（2012）通过空间计量经济模型，分析了我国城镇居民预防性储蓄的强度。他们发现城镇居民消费存在显著的空间关联性，且这种空间关联性将削弱居民收入对流动性约束的影响。因此，这种消费的空间关联性可以降低不确定性和流动性约束对我国城镇居民消费水平的影响。田青（2008，2009，2011）利用我国1998~2008 年各个省、自治区和直辖市的相关数据，分析了教育费用、医疗费用以及住房支出等不确定性因素对居民消费的影响。他的研究结果显示，教育费用、医疗费用以及住房支出等不确定性因素对居民消费有显著的负面影响。周绍杰（2009，2010）认为，我国正处于由计划经济向市场经济转型的改革进程中，广大城镇居民面临收入和支出两方面的不确定性。这种未来的不确定性使得我国城镇居民的消费行为更加趋于谨慎，实证研究的结果也表明当前我国城镇居民具有十分强烈的预防性储蓄动机。罗楚亮（2004，2006）根据我国城镇住户调查数据，实证分析了经济转轨时期家庭（个人）面临的不确定性对其消费和储蓄行为的影响。他研究发现，家庭

(个人）面临的各种不确定性对他们的消费水平有十分显著的负面影响。陈冲（2014）从不确定性的定义出发，应用预期收入波动率来测度农村居民的收入不确定性，从不确定性程度、不确定性方向以及不确定性心理状态三个维度实证研究了收入波动对我国农村居民消费的影响。他的研究结果显示，收入的不确定性程度、不确定性方向以及不确定性心理状态均对农村居民的消费行为具有显著影响。其中，不确定性方向和不确定性心理状态的影响呈现非对称性，农村居民的消费行为对于"劣于预期"的负向不确定性和不确定性心理的未减弱状态表现得更加敏感。

此外，宋铮（1999）、龙志和（2000）、谢平（2000）、朱春燕（2001）、杜海韬（2005）、胡颖（2011）、白重恩（2012）等学者的研究也都认为，由于居民面临的不确定性增加，我国城乡居民的消费率偏低。

上述学者的研究由于其分析方法、样本数据不同，得到的结论也各有差异，但是他们均忽视了消费者的心理预期作用。基于这一考虑，本书从消费行为学出发，应用前景理论探讨收入不确定性对城镇居民消费的影响。

第二节　收入不确定性的测度

要分析收入不确定性对城镇居民消费率的影响，一个重要前提就是对收入不确定性进行科学合理的测度。国内外学者关于收入不确定性的测度方法很多，其中较为常见的有以下几种：

(1) 通过测算期望收入与实际收入水平之差来反映收入不确定性。例如，陈冲（2014）、杭斌（2010）和臧旭恒（2004）等。

(2) 应用诸如失业率、职业变动等工具变量来测度收入不确定性。例如，李广众（2001）、Lacoviello（2008）和 Skinner（1988）等。

(3) 应用与收入相关的变量，如收入的方差和标准误等变量进行测度。

代表性的研究有 Carroll（1995）、施建淮（2004）和易行健（2008）等。

第二种方法能够较好地刻画出不同阶层和不同群体间的社会区别，但是并不能很好地反映他们收入的不确定性，需要辅之以其他方法进一步测量。第三种方法简单易行，数据也容易获取，但其测度指标过于单一，无法反映居民的预期。因此，在这里我们采用第一种方法来测度收入不确定性。我们假定城镇居民服从适应性预期，他们将前期收入增长率作为预期增长率。收入不确定性为实际增长率与预期增长率之差，即收入不确定性表述如下：

$$UN_{it} = \frac{INC_{it} - INC_{i,t-1}}{INC_{i,t-1}} - \frac{INC_{i,t-1} - INC_{i,t-2}}{INC_{i,t-2}} \tag{7-1}$$

其中，UN 代表收入不确定性；INC 为城镇居民实际收入（其中，城镇家庭为人均可支配收入，农村家庭为人均纯收入）。

第三节　实证分析

前景理论指出，消费者的决策受其主观效用函数和权重函数两种因素的影响。卡尼曼等（1979）也认为，行为人从个体决策的行为特征出发，其效用水平取决于参考点的变化以及相对于某个参考点的利害得失，而并非取决于传统经济理论所重视的即期收入。因此，前景理论的重要基石是价值函数，而价值函数的大小取决于以下两个因素：其一是基准的参考点；其二是收入基于参考点的相对变化量。其中，参考点会因行为人对未来预期的不同而有所差异，即人们对于得失的考虑并不是以现状为参考点，而是以期望或目标水平为参考点。同时，价值函数重视的是收入的相对变化量。此外，价值函数的另一个重要特征是（见图 7-1）：在损失状态时，函数的斜率值比处于收益状态时的斜率值更大；在参照点以上部分，价值函数和期望效用函数一样均为凹函数；然而在参照点处，价值函数的斜率发生改变；在参照点

以下部分，价值函数为凸函数。即对行为人而言，在相对应的收益与损失情景下，其边际损失比边际收益更为敏感，一个单位损失所带来的痛苦大于其得到一个单位收益所带来的快乐，即行为人为风险回避型。

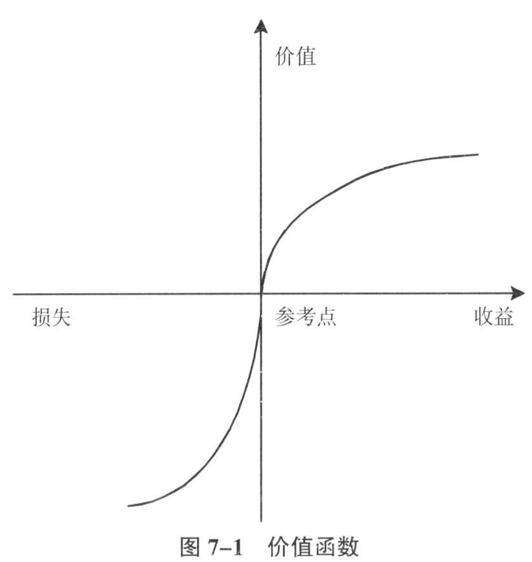

图 7-1　价值函数

这里我们从前景理论视角出发，实证研究收入不确定性对城镇居民消费率的影响。我们以消费者对收入变动的预期作为分析基准的“参照点”，即我们可以根据收入增长率差异将所有时间划分为两种类型。这里定义虚拟变量 D，将收入增长率高于上期增长率的年份称为“好年份”，此时虚拟变量 D 的赋值为 1；反之，将那些收入增长率低于上期增长率的年份称为“坏年份”，相应地虚拟变量 D 的赋值为 0。基于上述划分，我们建立如下模型：

$$CR_{it} = \mu_i + \alpha_1 \times D \times UN_{it} + \alpha_2 \times (1 - D) \times UN_{it} + \beta \times INC_{it} + \varepsilon_{it} \tag{7-2}$$

式（7-2）表明，居民消费率受实际收入以及面临的收入不确定性的影响。

其中，CR 代表各个省市区的居民消费率，即城镇居民人均消费支出与人均收入之比；μ_i 代表不同横截面单元的个体效应；ε_{it} 代表随机扰动项。

后面实证研究中所有分析均基于模型（7-2）进行（实证研究中所应用

的软件为 EVIEWS9.0，采用的估计方法为固定效应模型）。

一、收入不确定性对城镇居民消费率的影响

本书在实证分析中所应用的原始数据均来源于中经网统计数据库（http：//db.cei.gov.cn/page/Default.aspx）和各年度《中国统计年鉴》，所采用的数据为省级数据，研究范围为我国各省、自治区、直辖市，样本区间为 2002~2014 年。

在实证研究中，变量 C 为我国城镇家庭人均消费支出（单位：千元）；变量 INC 为我国城镇家庭人均实际收入（单位：千元）；变量 CR 为我国城镇居民人均消费和人均可支配收入之比，代表城镇居民消费率；变量 UN 代表收入不确定性。上述各个变量均根据通胀水平进行了调整（基期为 2001 年）。表 7–1 给出了各主要变量的描述性统计特征。

表 7–1　各变量的描述性统计特征

统计量	城镇家庭消费（C）	城镇家庭收入（INC）	城镇居民消费率（CR）
平均值	8.8254	12.2344	73.5168
中位数	8.2242	11.2682	73.8665
极大值	21.1317	32.9125	91.7847
极小值	3.8945	5.2674	58.6320
标准差	3.2825	5.1007	5.7226
偏态系数	1.0406	1.1161	0.0941
峰态系数	4.0380	4.3355	3.0668
雅克—贝拉统计量	90.8246	113.6104	0.6694
观测值个数	403.0000	403.0000	403.0000

表 7–2 给出了收入不确定性对城镇居民消费影响的结果。由估计结果可知：①随着收入的上升，我国城镇居民的消费率将下降，收入上升 1000 元，居民消费率将下降 0.83 个百分点。②收入不确定性对城镇居民消费率的影响与预期有关。如果收入增长高于预期，将提高其消费率（估计得到的好年份的系数为正，且在 10%的临界水平下显著）；反之，将降低居民的消费率

(估计得到的坏年份的系数为负，且在10%的临界水平下显著)。③我国城镇居民的消费行为服从前景理论。估计得到的好年份的系数为0.08，而坏年份的系数为-0.12，表明好年份带来的正效用无法抵消坏年份带来的负效用。

表 7-2　收入不确定性对城镇居民消费率的影响

估计方法	变量	系数	标准差	p 值
固定效应	constant	83.7127***	0.3449	0.0000
	α_1	0.0765*	0.0445	0.0870
	α_2	-0.1213**	0.0570	0.0342
	β	-0.8260***	0.0229	0.0000
	$\bar{R}^2$		0.9144	
	F 统计量		111.0383***	
随机效应	constant	83.8635***	0.8950	0.0000
	α_1	0.0951	0.0763	0.2137
	α_2	-0.1610**	0.0796	0.0438
	β	-0.8318***	0.0420	0.0000
	$\bar{R}^2$		0.5305	
	F 统计量		129.0187***	

注：***、**、* 分别代表1%、5%和10%的显著性水平。

二、不同地区的比较分析

我们在第一部分实证研究基础之上，分析收入不确定性对城镇居民消费率影响的区域差异。在这里，我们将考察对象分为四个子样本，即东部、东北、中部和西部四个区域。其中，东部地区包含上海、北京、天津、河北、江苏、山东、浙江、福建、广东和海南10个省、直辖市，东北地区包含辽宁、吉林、黑龙江3个省，中部地区包含河南、山西、江西、安徽、湖北和湖南6个省，西部地区则包含四川、重庆、贵州、云南、广西、内蒙古、新疆、西藏、陕西、甘肃、青海和宁夏共12个省、自治区、直辖市。样本选择区间仍为2002~2014年。全部估计结果如表7-3所示。

表 7-3 收入不确定性对不同地区城镇家庭消费率的影响

地区	变量	系数	标准差	p 值
东部	constant	82.5743***	0.3608	0.0000
	α_1	0.0680**	0.0358	0.0291
	α_2	-0.1334**	0.0510	0.0463
	β	-0.7330***	0.0157	0.0000
	$\bar{R}^2$		0.9042	
	F 统计量		86.7624***	
东北	constant	83.0943***	1.1127	0.0000
	α_1	0.3830*	0.2102	0.0796
	α_2	-0.1767***	0.0697	0.0098
	β	-0.6979***	0.0697	0.0000
	$\bar{R}^2$		0.6707	
	F 统计量		14.0349***	
中部	constant	81.4368***	0.4181	0.0000
	α_1	0.1106***	0.0417	0.0042
	α_2	-0.2242*	0.1196	0.0659
	β	-0.8913***	0.0184	0.0000
	$\bar{R}^2$		0.8531	
	F 统计量		48.1972***	
西部	constant	86.6694***	0.4146	0.0000
	α_1	0.1154*	0.0649	0.0781
	α_2	-0.1275*	0.0705	0.0731
	β	-1.0089***	0.0333	0.0000
	$\bar{R}^2$		0.8953	
	F 统计量		81.0084***	

注：***、**、* 分别代表 1%、5%和 10%的显著性水平。

由表 7-3 给出的估计结果可知，我国不同地区居民收入不确定性对消费的影响是不同的。其共性之处在于：第一，收入的增加将导致居民消费率的下降。无论是东部地区、东北地区、中部地区还是西部地区，均呈现出该特

征。第二，收入不确定性对城镇居民消费率的影响与预期有关。如果收入增长高于预期，将提高其消费率；反之，将降低居民的消费率。

不同之处在于，我国东部地区、中部地区和西部地区城镇居民的消费行为均服从前景理论。即对于这些地区的居民而言，好年份带来的正效用无法抵消坏年份带来的负效用。但是我国东北地区居民的消费不服从前景理论。

实证结果表明，要提高城镇居民消费率，不仅要关心居民的实际收入水平，还需要加强城镇居民对未来的信心，降低他们面临的收入不确定性，从而提高居民消费率。从以上结论可以看出，为了更加有效地促进城镇居民消费，不能只是简单地保证其收入的稳定增长，同时还需要降低城镇居民的收入不确定性。

第四节　小结

本章首先分析了转型时期我国城镇居民面临的各种不确定性。其次，对收入不确定性进行了合理测度。再次，从前景理论视角出发，实证分析了收入不确定性对城镇居民消费的影响。研究发现，第一，随着收入的上升，我国城镇居民的消费率将下降。第二，收入不确定性对城镇居民消费率的影响与预期有关。如果收入增长高于预期，将提高其消费率；反之，将降低居民的消费率。第三，我国城镇居民的消费行为服从前景理论，表明好年份带来的正效用无法抵消坏年份带来的负效用。最后，进行了分地区比较分析。研究发现，我国东部地区、中部地区和西部地区城镇居民的消费行为均服从前景理论，但是我国东北地区居民的消费不服从前景理论。

第八章　我国城镇居民消费的风险分担与跨期平滑

我国居民消费率偏低的一个重要原因在于流动性约束和预防性储蓄。而其深层次原因在于，我国正处于转型时期，各种市场改革和制度性冲击给居民的收入和消费带来了巨大的不确定性。为了应对可能的外部冲击，居民往往采用两种常见的方式来降低风险、增大自身效用。一种方式是在金融市场购买保险，或者在亲朋好友之间相互借贷，这样通过许多家庭共同承担风险，可以从空间层面分散消费风险。另一种方式是根据自己一生的预期收入，利用跨期平滑机制来应对各种不确定风险，从时间层面来平滑消费以实现终身效用最大化。因此，本章的研究目的在于分析我国城镇居民消费风险分担和跨期平滑状况，探讨影响居民消费波动的因素，从而提出切实可行的推动居民消费的政策建议，为我国经济持续健康稳定发展提供有力保障。

第一节　相关文献回顾

早期国外学者对居民消费风险规避的研究主要从时间视角和空间视角分别展开。弗里德曼（1963）和莫迪利阿尼（1957）提出的生命周期假说和持久收入假说，首次将消费理论由即期消费拓展到了跨期消费。他们认为，理性的消费者会根据自己目前的收入水平和未来可能的收入水平等信息，合理地对自己的消费进行跨期平滑，从而实现终身效用极大化的目的。Hall（1978）则将理性预期引入生命周期假说和持久收入假说中，提出了消费的随机游走假说，即消费变化具有不可预测性。实证分析的结果也大都认为，家庭无法做到完全的消费跨期平滑，即生命周期假说和持久收入假说不成立。对于家庭为何无法做到完全的消费跨期平滑，学者们并未取得共识。Leland（1968）认为，风险厌恶型消费者出于未来收入的不确定性会进行更多的储蓄，这就是所谓的“预防性储蓄”。而Zeldes（1989）的“流动性约束”理论则认为，由于流动性约束的存在，消费者无法按照生命周期假说和持久收入假说进行跨期消费决策，仅能依靠当期收入进行消费决策。因此，绝大多数家庭无法做到完全的消费跨期平滑。

部分学者从空间层面探讨了不同个体通过正式和非正式金融机构进行风险分担的问题。大部分研究显示，不同个体之间的消费风险分担是不完全的。例如，Townsend（1995）对印度不同地区的消费风险分担情况进行实证分析时发现，各个地区之间的差异非常大，即使在同一地区，不同乡村面临的各类外生冲击也不尽相同。因此，各个家庭的消费风险分担程度不仅是不完全的，而且具有显著的区域特征。Leblebicioglu（2006）等的实证研究结果也证实，不同个体间的消费风险分担是不完全的。但对于完全的消费风险分担无法实现的原因，不同学者的观点各异。

近年来，学者们开始同时考察风险分担与跨期平滑对消费的影响，但是这些研究一般都是在控制消费平滑的基础上分析个体的风险分担程度。例如，Athanasoulis（2001）在假定消费者进行完全的跨期平滑的基础上分析其风险分担程度。另一部分学者则进入另一个极端，如Obstfeld（1995）在分析消费的风险分担时假定消费者完全没有进行跨期平滑行为。

随着我国金融和保险市场的不断发展，我国学者对这一问题的研究也日益丰富，其中比较典型的有：杨子晖（2006）实证研究了1960~2003年我国居民消费的跨期替代弹性和期内替代弹性。研究发现，1978年我国居民消费行为发生了结构转变，居民消费的跨期替代弹性和期内替代弹性均有显著上

升。杭斌（2007）认为由于信贷约束和消费支出高峰的存在，我国城镇家庭在进行消费跨期平滑时将尽力避免未来可能发生的流动性约束。白仲林、杨萍和赵蓉（2012）在生命周期理论框架下，通过引入不确定性因素，推导出消费者的最优消费路径。他们发现，我国城镇居民的跨期替代弹性接近于零，即城镇居民消费波动完全取决于当期收入波动而非持久收入波动。陈玉宇和行伟波（2006）通过对广东省城镇家庭进行调查研究，实证分析了我国城镇家庭在面临外生经济冲击时的消费风险分担情况。他们的研究结论表明，无论从总体来看，还是从不同地区和不同收入群体来看，我国城镇家庭的消费风险分担都是不完全的。

综观上述文献，学者们大多只是从时间层面或者空间层面单一地探讨家庭消费的风险规避问题，而没有将两者结合起来进行研究。部分学者虽然对两者同时进行了考虑，但其假设条件非常苛刻（要不假定消费者能够进行完全的跨期平滑，要不假定其完全不能进行跨期平滑）。本章在 Asdrubali（2008）研究的基础上，放松消费者跨期平滑这一假定，从时间视角和空间视角综合分析我国城镇居民消费的优化配置问题，进一步深入探讨不同地域和不同收入组家庭的消费风险规避动机和特征，并基于此提出切实可行的推动居民消费的政策建议，为我国经济持续健康稳定发展提供有力保障。

第二节　理论模型框架

本章理论框架以 Asdrubali（2008）的模型为基础。我们首先分析各个个体如何在空间层面上进行消费的风险分担。假定参与消费风险分担的群体共包含 J 个个体（可以是国家、省市区或者家庭，本章是以我国的各个省、自治区和直辖市为样本）。那么，在 t 时刻该群体的平均收入 Y_{at} 为：

$$Y_{at} \equiv \sum_{j=1}^{J} Y_{jt}/J \tag{8-1}$$

其中，Y_{jt} 是个体 j 在 t 时刻的即期收入。

进一步，假定每个个体都把自己全部收入的比例部分用于风险分担，那么常数 λ 成为该群体的风险分担系数。通过消费风险分担后，每个个体的实际可支配收入变为：

$$\bar{Y}_{jt} \equiv \lambda Y_{at} + (1-\lambda) Y_{jt} \tag{8-2}$$

式（8-2）表明，如果个体参与了消费的风险分担，那么其在 t 时刻的实际可支配收入一部分取决于整个群体在该时刻的平均收入（λ 比例），另一部分取决于自己的即期收入（1 - λ 比例）。特别地，如果 λ = 0，那么消费者在 t 时刻的收入完全取决于自己的即期收入，表明消费者没有进行风险分担；如果 λ = 1，那么消费者在 t 时刻的收入完全取决于整个群体在该时刻的平均收入，而与自己的即期收入无关，这意味着消费者进行了完全的消费风险分担；如果 0 < λ < 1，表明消费者仅进行了部分消费风险分担。

进一步，我们从时间层面来分析消费者的跨期平滑问题。假定每个个体均将其全部收入的 γ 比例部分用于跨期平滑（即剩下的 1 - γ 部分消费仍然取决于即期收入），那么每个个体在 t 时刻的消费变为：

$$\Delta C_{jt} \equiv \mu_j + (1-\gamma)\Delta\bar{Y}_{jt} + \gamma\bar{\varepsilon}_{jt} \tag{8-3}$$

其中，$\bar{\varepsilon}_{jt} \equiv (1-\beta)\sum_{k=0}^{\infty}\beta^k[E_t\bar{Y}_{j,t+k} - E_{t-1}\bar{Y}_{j,t+k}]$，代表第 t 期持久收入估计值和前一期持久收入估计值之差，也叫作持久收入的新息。式（8-3）表明：如果 γ = 0，说明个体没有进行消费的跨期平滑，那么该个体的消费变动完全取决于其实际可支配收入 $\bar{Y}_{jt}$ 的变动；如果 γ = 1，则说明消费者的跨期平滑是完全的，个体消费的变动与其实际可支配收入 $\bar{Y}_{jt}$ 无关，而仅取决于持久收入的波动；如果 0 < γ < 1，说明个体消费的跨期平滑是不完全的，个体消费的变动一部分取决于其实际可支配收入 $\bar{Y}_{jt}$ 的变动，另一部分取决于持久收入的波动。

通过对式（8–3）在横截面上进行加总求和，我们可以得到下式：

$$\Delta C_t = \frac{1}{J}\sum_{j=1}^{J}\Delta C_{jt} = \mu + (1-\gamma)\Delta Y_{t+k} + \gamma\varepsilon_t \tag{8-4}$$

其中，$\mu = \frac{1}{J}\sum_{j=1}^{J}\mu_j$，$\varepsilon_t = \frac{1}{J}\sum_{j=1}^{J}\varepsilon_{jt}$。

将式（8–2）、式（8–3）和式（8–4）联立，我们可以得到下式：

$$\Delta C_{jt} = \tilde{\mu}_j + \lambda\Delta C_t + (1-\gamma)(1-\lambda)\Delta Y_{jt} + \eta_{jt} \tag{8-5}$$

其中，常数项 $\tilde{\mu}_j = \mu_j - \lambda\mu$，扰动项 $\eta_{jt} = (\bar{\varepsilon}_{jt} - \lambda\varepsilon_{jt}) = \gamma(1-\lambda)\varepsilon_{jt}$，新息 $\varepsilon_{jt} \equiv (1-\beta)\sum_{k=0}^{\infty}\beta^k[E_tY_{j,t+k} - E_{t-1}Y_{j,t+k}]$。

式（8–5）就是我们分析不同条件下消费变动的基准模型。根据 λ 和 γ 的取值不同，各个个体的消费变动情况并不一致。

第三节　实证分析

一、数据来源及变量定义

本章所应用的是我国各个省、自治区和直辖市的年度数据，原始数据的来源有两种：实证分析中第一部分关于总体分析和第二部分关于区域比较的数据均来源于各年度的《中国统计年鉴》和中经网统计数据库，实证分析中第三部分关于不同收入组家庭的数据则来源于各个省市区的统计年鉴。

实证分析中第一部分和第二部分的样本区间均为 1985~2011 年，而实证分析中第三部分的样本区间为 2003~2010 年。

限于数据的可获得性及统计口径一致的原则，本章在实证分析中没有涵盖所有的省、市、自治区。由于重庆升为直辖市的时间较短，所以在实证分析第一部分和第二部分没有包含重庆市的数据。此外，由于北京、上海、河北和四川等省份的统计口径与其他省份不一致（本章对城镇家庭进行分组时是按相对收入进行不等距七组划分，而北京、上海、河北、四川和陕西则是按相对收入进行等距五组划分），贵州和湖南的统计年鉴没有公布不同收入组家庭的消费和收入数据，所以第三部分的实证只选取了其他 24 个省（区、市）的数据。

在实证分析中，我们以城镇家庭的人均可支配收入代表城镇家庭的收入，以城镇家庭的人均消费支出代表城镇家庭的消费。实证分析中所有的变量均为经过价格调整的实际变量（基期为 2003 年），并将所有的变量转换为其对数序列。表 8-1 给出了部分变量的描述性统计特征。

表 8-1　各变量的描述性统计特征

统计量	城镇家庭收入	城镇家庭消费
平均值	8.6580	8.4360
中位数	8.5960	8.3770
极大值	10.2450	9.8780
极小值	7.5410	7.4630
标准差	0.6030	0.5290
偏态系数	0.2870	0.3240
峰态系数	2.1120	2.1710
雅克—贝拉统计量	37.7310	37.3830
观测值个数	810	810

二、城镇家庭消费的风险分担和跨期平滑总体情况

在该部分，我们将检验我国城镇家庭消费的风险分担和跨期平滑总体情况。所应用的是我国各个省、自治区和直辖市的年度数据（重庆市的数据被剔除，实际包含 30 个省、自治区和直辖市），样本区间为 1985~2011 年。

由于式（8-5）是反映变量之间确切关系的函数表达式（其扰动项 η_{jt} 是新息 ε_{jt} 的函数，虽然无法获得观察值，但不是真正的随机扰动项），所以在

实证研究中我们将其改写为反映变量之间统计关系的计量模型（8-6），其具体表述形式如下：

$$\Delta C_{jt} = \widetilde{\mu}_j + \lambda \Delta C_t + (1-\gamma)(1-\lambda)\Delta Y_{jt} + \varepsilon_{jt} \quad (8\text{-}6)$$

其中，ΔC_{jt} 代表第 t 期第 j 个家庭的人均消费变动；ΔC_t 代表第 t 期各个家庭的平均消费变动；ΔY_{jt} 代表第 t 期第 j 个家庭的人均收入变动；ε_{jt} 代表随机扰动项。以下实证部分所有的计量分析都是基于面板数据模型（8-6）展开（实证分析中所应用的软件为 STATA 11，模型的估计方法为 GLS 方法）。估计结果如表 8-2 所示。

表 8-2　我国城镇家庭消费的风险分担和跨期平滑总体表现

	变量	系数	标准差	p 值
城镇	constant	0.0030	0.0020	0.1860
	λ	0.0120	0.0060	0.0620
	$(1-\lambda)(1-\gamma)$	0.8050	0.0280	0.0000
	$\bar{R}^2$		0.5120	
	γ	0.1850		

注：λ 和 $(1-\lambda)(1-\gamma)$ 均是通过回归模型直接估计得到，γ 是通过估计得到的 λ 和 $(1-\lambda)(1-\gamma)$ 间接计算得到。

由表 8-2 给出的估计结果可知，我国城镇家庭的消费风险分担系数 λ = 0.012。这表明从我国的总体情况来看，城镇家庭消费的风险分担程度非常低。Agustin（2010）在研究外生性冲击对消费的影响时，计算得出爱尔兰家庭的消费风险分担系数介于 0.41~0.50。Crucini（1999）研究 G7 国家的家庭消费时发现，它们的风险分担系数均在 0.50 以上，其中德国的风险分担系数高达 0.86。与这些国家（地区）相比，我国城镇家庭消费风险分担程度相当低，其原因主要在于：①我国的消费风险分担机制并不完备。与发达国家相比，我国金融发展较为滞后，保险市场还不完善，城镇家庭不能完全依靠金融市场来分散所有的风险，而非正式的保险机制又不具有持续性和可靠性，所以我国城镇家庭的消费风险分担机制显得非常薄弱。②我国家庭的风险分担意识较为淡薄，居民很少主动购买各类保险。与其他国家相比，我国的保险深度和保险密度均较低。2011 年我国原保费收入 14339 亿元，保险密度为 1070 元，而世界各国的平均水平为 3970 元；我国的保险深度为 3%，而全球的保险深度为 7%。[①]

另外，估算得到的消费跨期平滑系数 $\gamma=0.185$，这意味着我国城镇家庭消费的跨期平滑是不完全的。在完全平滑的情况下，家庭持久收入增加（或者减少）一个单位将引起家庭消费增加（或者减少）一个单位。之所以无法做到完全的消费跨期平滑，其主要原因在于：①由于各种因素的干扰，人们无法准确预期自身的持久收入，从而无法适时对自己的消费进行调整。②部分家庭的收入水平比较低，由于流动性约束的影响，他们无法在任何时刻都进行消费跨期平滑。

三、不同地区城镇家庭消费的风险分担和跨期平滑情况

不同家庭所面临的外生冲击可能来源于某个特定的产业、行业或者特定区域。因此，家庭也会在产业内部或者地区内部进行消费的风险分担和跨期平滑。为此，我们在第一部分实证分析的基础之上，进一步探讨我国城镇家庭在区域内部的消费风险分担和跨期平滑状况。在这里，我们将全部样本划分为四个子样本，即东部地区、东北地区、中部地区和西部地区。其中，东部地区包括北京、天津、河北、山东、江苏、浙江、上海、福建、广东和海南 10 个省、直辖市，东北地区包括辽宁、吉林、黑龙江 3 个省，中部地区包括山西、安徽、江西、河南、湖北和湖南 6 个省，西部地区包括内蒙古、广西、四川、贵州、云南、西藏、陕西、甘肃、青海、宁夏和新疆 11 个省、自治区。样本选择区间仍为 1985~2011 年。估计结果如表 8-3 所示。

① 资料来源：万一网，http：//www.wanyiwang.com/FileDown.aspx？fid=22798。

表 8-3　不同地区家庭消费的风险分担和跨期平滑情况

地区	变量	系数	标准差	p 值
东部	constant	-0.0020	0.0030	0.6300
	λ	0.0120	0.0090	0.0620
	(1-λ)(1-γ)	0.8610	0.0430	0.0000
	$\bar{R}^2$		0.6150	
	γ	0.1280		
东北	constant	0.0140	0.0070	0.0510
	λ	0.0340	0.0450	0.4640
	(1-λ)(1-γ)	0.6890	0.0840	0.0000
	$\bar{R}^2$		0.4740	
	γ	0.2880		
中部	constant	0.0010	0.0040	0.8270
	λ	0.0230	0.0210	0.2770
	(1-λ)(1-γ)	0.8370	0.0540	0.0000
	$\bar{R}^2$		0.6080	
	γ	0.1430		
西部	constant	0.0050	0.0040	0.0270
	λ	0.0640	0.0240	0.0080
	(1-λ)(1-γ)	0.7800	0.0540	0.0000
	$\bar{R}^2$		0.4420	
	γ	0.1670		

表 8-3 给出的估计结果进一步证实了上文的观点，即我国城镇居民的消费风险分担程度非常低。在所考察的四个地区中，西部地区的消费风险分担最高，但风险分担系数 λ 也仅为 0.0640；东北地区和中部地区次之，风险分担系数分别为 0.0340 和 0.0230；东部地区的消费风险分担程度最低，风险分担系数 λ 为 0.0120。

但是上述实证分析中，在 10%的显著性水平下，东北地区和中部地区的

系数 λ 均未通过显著性检验。一个可能的原因是：两个地区的观测值偏少，东北地区仅考察了 3 个省份，中部地区也不过 6 个省份，而东部地区和西部地区分别有 10 个和 11 个省份，所以东北地区和中部地区的系数 λ 不显著。

进一步分析发现，我国各个地区内部的风险分担系数均高于全国的风险分担系数。这一结论与 Asdrubali（2008）、Crucini（1999）等的观点相近，他们也发现区域内部的风险分担系数要显著高于不同国家和地区间的风险分担系数。其原因主要在于，消费者对本地区的金融市场和保险机构更为熟悉，因而在持有资产或购买保险时将偏好选择当地的金融保险机构。另外，如果要向亲朋好友和非正式金融机构进行借贷的话，也是优先考虑本地的亲友和机构，这是一种“本地偏好”。

此外，不同地区的消费跨期平滑情况也不尽相同。其中，东北地区的跨期平滑系数最高，$\gamma = 0.2880$；西部地区和中部地区次之，跨期平滑系数分别为 0.1670 和 0.1430；东部地区的跨期平滑系数最低，$\gamma = 0.1280$。这一估计结果与我们的直觉并不相符，一般我们认为经济发展水平较好的地区，居民收入水平高，更有能力对外生性冲击进行平滑，因而他们的跨期平滑系数应该更高，然而我们估计的结果并非如此。这可能是由于低收入地区家庭抵御外生性冲击的能力更弱，任何时刻他们都必须根据持久收入的变化来调整自己的即时消费，从而使自己的效用最大化。

四、不同收入家庭消费的风险分担和跨期平滑情况

进一步，本章分析不同收入群体家庭消费的风险分担和跨期平滑情况。在这里，我们把所有的城镇家庭按照年相对收入进行不等距七组划分，即将调查中的所有家庭按照相对收入排序后分为七个收入组。各个收入组占总调查家庭的比重分别为：最低收入户 10%、低收入户 10%、中等偏下收入户 20%、中等收入户 20%、中等偏上收入户 20%、高收入户 10%和最高收入户 10%。然后利用前述面板数据模型（8-6）实证分析这七个收入组家庭消费的风险分担和跨期平滑情况，估计结果如表 8-4 所示。

表 8-4　不同收入组家庭消费的风险分担和跨期平滑情况

	变量	系数	标准差	p 值
最低收入户	constant	0.0580	0.0070	0.0000
	λ	0.0740	0.0280	0.0080
	(1-λ)(1-γ)	0.1560	0.0430	0.0000
	$\bar{R}^2$		0.0860	
	γ	0.8310		
低收入户	constant	0.0460	0.0080	0.0000
	λ	0.0670	0.0290	0.0220
	(1-λ)(1-γ)	0.2880	0.0610	0.0000
	$\bar{R}^2$		0.1330	
	γ	0.6910		
中等偏下收入户	constant	0.0250	0.0080	0.0030
	λ	0.0540	0.0290	0.0640
	(1-λ)(1-γ)	0.5370	0.0750	0.0000
	$\bar{R}^2$		0.2790	
	γ	0.4320		
中等收入户	constant	0.0190	0.0090	0.0560
	λ	0.0560	0.0300	0.0660
	(1-λ)(1-γ)	0.6350	0.0960	0.0000
	$\bar{R}^2$		0.2760	
	γ	0.3270		
中等偏上收入户	constant	0.0240	0.0110	0.0350
	λ	0.0810	0.0320	0.0130
	(1-λ)(1-γ)	0.5750	0.1140	0.0000
	$\bar{R}^2$		0.1910	
	γ	0.3740		
高收入户	constant	0.0320	0.0130	0.0160
	λ	0.1040	0.0320	0.0030
	(1-λ)(1-γ)	0.4990	0.1280	0.0000

续表

	变量	系数	标准差	p 值
高收入户	$\bar{R}^2$		0.1040	
	γ	0.4430		
最高收入户	constant	0.0560	0.0110	0.0000
	λ	0.0770	0.0320	0.0160
	(1-λ)(1-γ)	0.2800	0.0940	0.0030
	$\bar{R}^2$		0.0550	
	γ	0.6970		

与前文的估计结果相比，我们发现不同收入群体内部的风险分担系数要比各个地区内部的风险分担系数大。这表明消费者不仅具有“本地偏好”，可能还具有“阶层效应”。为了预防外生性冲击，不同收入群体的家庭更倾向于向同一收入组的其他家庭进行风险分担。该现象符合“人以群分”的观点，即同一收入群体的家庭往往居住在同一社区，彼此间的交往也较多，相互之间更为了解，更容易进行借贷和其他帮助。

另外，从跨期平滑系数来看。收入水平处于两个极端的跨期平滑系数较大，最高收入户的跨期平滑系数 γ = 0.697，最低收入户的跨期平滑系数为 0.831，低收入户的跨期平滑系数为 0.691。而其他几个收入组家庭的跨期平滑系数相对较小，中等偏下收入户为 0.432，中等收入户为 0.327，中等偏上收入户为 0.374，高收入户为 0.443。最高收入户由于收入水平高，基本不受流动性约束的限制，即使遭受外生性冲击也有能力对消费进行平滑，因而他们可以按照生命周期假说和持久收入假说对其一生的收入和消费进行平滑，以实现其终身效用水平的最大化，从而导致他们的跨期平滑系数很高。与风险分担系数一样，低收入户的跨期平滑系数也高于中等收入户的跨期平滑系数。这也许是因为低收入户抵御风险的能力太弱，以至于他们必须为将来精打细算。

第四节　结论

本章在 Asdrubali（2008）的理论框架基础上，应用我国 1985~2011 年的省级数据，考察了我国不同地区和不同收入组城镇家庭消费的风险分担和跨期平滑情况。通过实证分析我们得到如下结论：

第一，我国城镇家庭消费的风险分担程度很低。无论是从全国的总体情况来看，还是从不同地区或者不同的收入群体来看，我国城镇家庭消费的风险分担系数均偏低。

第二，我国城镇家庭在进行消费风险分担时表现出了显著的“本地偏好”和“阶层效应”。即我国各个地区内部的风险分担系数要高于全国总体的风险分担系数，而不同收入组内部的风险分担系数又高于各个地区内部的风险分担系数。

第三，我国城镇家庭消费的跨期平滑是不完全的。无论是从我国的总体情况来看，还是从不同地区或者不同的收入群体来看，我国城镇家庭消费的跨期平滑系数 γ 均介于 0~1。

本章的结论具有强烈的政策含义。我国城镇家庭消费的风险分担程度偏低，其主要原因在于：我国的金融市场尚不完善，消费信贷市场离完全市场还很远，居民的保险意识也较为淡薄，并且家庭风险分担机制的非市场手段也极不完善，因此，家庭在面对各种外生性冲击时，不能在各个自然状态间进行完全的消费平滑。为此，政府要做的不仅仅是完善消费信贷市场和保险市场，而且还要设立各种非正式保险制度和风险分散机制。由此，居民可以通过上述措施减轻和规避各种外生性冲击带来的风险，而无须降低消费水平。

另外，我国城镇居民消费的跨期平滑也是不完全的。一方面，由于各种因素的干扰，人们无法准确预期自身的持久收入，从而无法适时对自己的消费进行调整。另一方面，部分家庭的收入水平比较低，受流动性约束的影响，他们也无法在任何时刻都进行消费跨期平滑。为此，政府应该加强政策的延续性和可预见性，这样可以在一定程度上降低相关因素对居民消费所产生的不利影响。另外，应加强和完善我国社会保障体制的建设。当居民面临收入与支出的非预期性变化时，如果存在借贷市场或社会保障等风险分散机制，则居民可以通过类似的渠道在一定程度上化解所面临的不确定性，从而可以较好地进行消费的跨期平滑，实现其终身效用的极大化。

第五节　小结

本章首先分析了改革开放后我国城镇居民消费率偏低的主因之一在于金融市场不完善，并对国内外相关研究进行了回顾。

其次，在 Asdrubali（2008）的理论框架基础上，应用我国 1985~2011 年的省级数据，考察了我国不同地区和不同收入组城镇家庭消费的风险分担和跨期平滑情况。通过实证分析我们得到如下结论：

第一，我国城镇家庭消费的风险分担程度很低。无论是从全国的总体情况来看，还是从不同地区或者不同的收入群体来看，我国城镇家庭消费的风险分担系数均偏低。

第二，我国城镇家庭在进行消费风险分担时表现出了显著的“本地偏好”和“阶层效应”。即我国各个地区内部的风险分担系数要高于全国总体的风险分担系数，而不同收入组内部的风险分担系数又高于各个地区内部的风险分担系数。

第三，我国城镇家庭消费的跨期平滑是不完全的。无论是从我国的总体情况来看，还是从不同地区或者不同的收入群体来看，我国城镇家庭消费的

跨期平滑系数 γ 均介于0~1。

最后，我们提出针对性的政策建议。政府应该加强政策的延续性和可预见性，这样可以在一定程度上降低相关因素对居民消费所产生的不利影响。另外，应加强和完善我国社会保障体制的建设。当居民面临收入与支出的非预期性变化时，如果存在借贷市场或社会保障等风险分散机制，则居民可以通过类似的渠道在一定程度上化解所面临的不确定性，从而可以较好地进行消费的跨期平滑，实现其终身效用的极大化。

第九章　宏观政策对城镇居民消费的影响

在前文中，我们从收入不确定性、居民收入差距和消费结构升级三个方面实证研究了产业结构升级对居民消费的间接影响。而政府宏观经济政策不仅是对经济发展进行调控的重要方式，同时也是影响居民消费需求的主要手段之一。因此，在这一章中我们将分析财政政策和货币政策对居民消费的影响。

第一节　财政政策对居民消费的影响

一、财政政策对居民消费影响的理论分析

财政政策对居民消费的影响主要通过财政支出水平和财政支出结构两方面来实现。所谓财政支出，是指政府将筹集起来的财政资金进行合理有计划的分配，以满足经济建设和各项事业的需要。它是国家调控经济运行的重要手段，对经济发展和社会进步具有非常重要的作用。所谓财政支出结构，是指在一定的经济体制和财政体制下，财政资金用于行政各部门、国民经济和社会生活各方面的数量、比例及其相互关系。

由于财政支出的统计口径较多，在充分考虑数据的可获得性和借鉴国内

外学者所做研究的基础上，本章借鉴学者刘淼（2014）的做法，根据政府财政职能的不同，将财政支出项目分为维持性支出、经济性支出、民生性支出和其他支出共四类。

（1）维持性支出。维持性支出是用于政治管理的支出，包括一般公共服务、外交、国防、公共安全等支出。

（2）经济性支出。经济性支出是指政府用于经济建设方面的财政支出，包括城乡社区事务、农林水事务、交通运输等支出。

（3）民生性支出。民生性支出是指为社会服务、改善民生方面的财政支出，主要包括教育、环境保护、科学技术、社会保障、就业、医疗卫生等支出。

（4）其他支出。没有被纳入上述三类的财政支出项目就是其他支出。

财政支出对居民消费的影响具有以下两种效应：挤入效应和挤出效应。当社会资源存在大量闲置的情况下，政府财政支出的增加会通过政府支出乘数使国民收入增加，从而提高居民消费水平，这时财政支出对居民消费产生挤入作用；反之，当经济达到潜在国民收入水平时，增加财政支出只会导致物价的上升和利率水平的提高，从而使居民储蓄增加而消费减少，即财政支出对居民消费会产生挤出作用。财政支出对居民消费的影响是挤入与挤出作用的净结果（见图 9-1）。

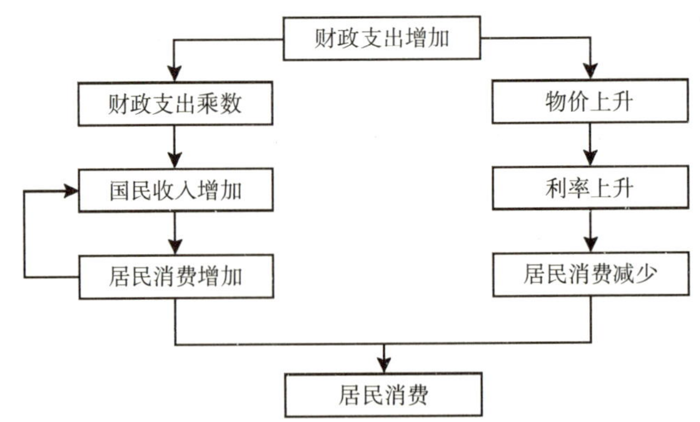

图 9-1　财政支出影响居民消费的作用机制

关于财政政策对居民消费的影响，学术界主要存在两种观点。第一种是凯恩斯主义观点。该观点认为，财政政策对总需求的影响主要通过乘数效应来实现，而财政支出乘数的大小则取决于其微观传导机制。其中，两个变量最为关键：一是消费者的边际消费倾向；二是消费者的自发消费水平。前者直接影响财政乘数的大小，从而决定财政政策导致的消费需求收缩或者扩张的水平；后者则直接影响财政政策的调整力度。

第二种是 Barro（1981）重新表述的李嘉图等价命题。其核心观点是：政府支出是影响居民消费的重要变量之一，但政府采取何种形式的融资方式却对居民消费并无影响。这是因为，理性的消费者在进行决策时会考虑到政府支出给居民带来的效用，即居民的消费行为会受到自身预算约束和政府预算约束的共同影响。同时，由于消费者具有理性思维，他们知道任何国债最终都将通过未来的税收偿还，因此，消费者对税收和国债的变化并不敏感。

实证研究中关于财政支出对居民消费的影响，学者们的研究结果也不一致。Bailey（1971）很早就通过构建代表性消费者的效用函数来探讨财政支出与居民消费之间的关系。他的研究结果表明，财政支出对居民消费的总效应为负，即财政支出挤出了居民消费。此外，Kormendi（1983）、Aschauer（1985）、Tsung（2001）和 Mountford（2009）等学者的研究也支持了 Bailey（1971）的观点，他们的研究结果也认为财政支出与居民消费之间存在明显的挤出关系。

然而，部分学者的研究却表明财政支出水平的提高可以促进居民消费，即财政支出与居民消费之间存在挤入关系。Devereus（1996）运用宏观经济一般均衡模型实证分析了政府支出对宏观经济的动态影响。他的研究发现，政府支出的增加将提高劳动生产率，进而提高工人的实际工资和消费。Fatas（2001）利用 SVAR 模型对财政支出与居民消费之间的关系进行研究时发现，财政扩张会导致居民消费水平显著增加。此外，Karras（1994）、Riccardo（2004）、Athanasios（2005）等的研究结果均表明财政支出对居民消费具有挤入效应。

本章我们将从财政支出的规模和结构两方面实证分析财政政策对居民消费的影响。

二、我国财政支出的现状分析

随着我国经济体制改革的深入发展，地方政府财政支出规模不断扩大。地方财政支出由 2007 年的 38339.29 亿元增加到 2014 年的 129215.5 亿元，地方财政支出占 GDP 的比重由 2007 年的 14.3%上升到 2014 年的 20.3%，地方财政支出占全国财政支出的比例由 77.00%上升到 85.10%（见表 9-1）。

表 9-1　2007~2014 年我国地方财政支出情况

年份	全国财政支出（亿元）	地方财政支出（亿元）	地方财政支出占全国财政支出的比例（%）	地方财政支出占 GDP 的比重（%）	地方财政支出增速（%）
2007	49781.3500	38339.2900	77.0000	14.3000	26.0000
2008	62592.6600	49248.4900	78.7000	15.5000	28.5000
2009	76299.9300	61044.1400	80.0000	17.7000	24.0000
2010	89874.1600	73884.4300	82.2000	18.1000	21.0000
2011	109247.8000	92733.6800	84.9000	19.2000	25.5000
2012	125953.0000	107188.3000	85.1000	20.1000	15.6000
2013	140212.1000	119740.3000	85.4000	20.4000	11.7000
2014	151785.6000	129215.5000	85.1000	20.3000	7.9000

资料来源：根据中经网统计数据库相关数据整理得到。

进一步，我们分析不同地区的财政支出情况。从绝对量上看，我国不同区域地方财政支出总量均呈逐年增加之势，但四大区域的地方财政支出水平存在显著差异。我国东部地区、中部地区、西部地区和东北地区的地方财政支出总额分别由 2007 年的 16949.93 亿元、7703.78 亿元、9850.27 亿元和 3835.31 亿元增加到 2014 年的 51378.52 亿元、27612.3 亿元、38796.72 亿元和 11427.96 亿元。其中，东部地区财政支出总量一直遥遥领先，西部地区次之，中部地区再次之，东北地区最低（见表 9-2）。

表 9-2　各个区域地方财政支出情况

年份	东部地区		中部地区		西部地区		东北地区	
	绝对额（亿元）	占比（%）	绝对额（亿元）	占比（%）	绝对额（亿元）	占比（%）	绝对额（亿元）	占比（%）
2007	16949.9300	44.2000	7703.7800	20.1000	9850.2700	25.7000	3835.3100	10.0000
2008	20737.5900	42.1000	9869.3300	20.0000	13765.7300	28.0000	4875.8500	9.9000
2009	24951.5200	40.9000	12473.1100	20.4000	17580.1500	28.8000	6039.3400	9.9000
2010	30182.2300	40.9000	15062.2500	20.4000	21403.6000	29.0000	7236.3400	9.8000
2011	37249.5900	40.2000	19185.7600	20.7000	27396.6800	29.5000	8901.6700	9.6000
2012	42093.0800	39.3000	22624.8800	21.1000	32269.0900	30.1000	10201.3100	9.5000
2013	47369.7700	39.6000	25494.9700	21.3000	35564.2000	29.7000	11311.4100	9.4000
2014	51378.5200	39.8000	27612.3000	21.4000	38796.7200	30.0000	11427.9600	8.8000

资料来源：根据中经网统计数据库相关数据整理得到。

从不同地区地方财政支出占比看，东部地区财政支出占比呈逐年下降趋势，从 2007 年的 44.2%下降至 2014 的 39.8%；东北地区财政支出占比缓慢下降，从 10%下降至 8.8%；中部地区和西部地区财政支出占比不断上升，分别从 20.1%、25.7%上升至 21.4%、30%。这表明我国采取转移支付等措施支持中西部地区经济发展的策略开始奏效，在西部大开发、中部崛起等区域战略的持续支持下，我国中西部地区经济快速发展，各个地区的经济发展差异不断缩小。

随着经济结构的调整和财政职能的转变，我国地方财政支出结构也发生了很大改变。首先，从绝对规模上看，我国地方政府各项财政支出均呈逐年增长之势，且经济性支出和民生性支出增长较快。其中，经济性支出由 2007 年的 7462.62 亿元上升至 2014 年的 36245.73 亿元，而民生性支出则由 2007 年的 16378.44 亿元上升至 2014 年的 55960.76 亿元（见表 9-3）。

表 9–3 我国各类财政支出规模

单位：亿元

年份	维持性支出	经济性支出	民生性支出	其他支出
2007	9306.4900	7462.6200	16378.4400	5191.7400
2008	10943.8800	9868.2400	21080.9900	7355.3800
2009	12105.6200	15083.8300	25398.0700	8456.6200
2010	13300.4300	17717.8700	30593.9500	12272.1800
2011	15553.0700	24296.6100	38620.7000	14263.3000
2012	17842.2500	27864.8900	46528.1100	14953.0500
2013	19478.0600	32594.9800	51338.1700	16329.0900
2014	19332.3900	36245.7300	55960.7600	17676.6200

资料来源：历年《中国统计年鉴》。

其次，从财政支出结构来看（见表 9–4）：

（1）我国民生性支出占比最高。民生性支出在财政支出中所占比重一直稳定在 41%~44%，这与我国中央和地方政府近年来高度重视民生问题分不开。

（2）维持性支出占比呈下降态势。维持性支出在财政支出中所占比重由 2007 年的接近 1/4 下降到 2014 年的 14.96%。这与我国政府职能不断改善以及政治体制改革不断深入有关。

（3）经济性支出占比整体呈上升趋势，且在 2009 年超越维持性支出占比，可见我国地方政府逐年加大了在经济建设上的投资力度。

（4）其他支出占比呈稳定状态。财政支出中的其他支出一直比较稳定，2007~2014 年所占比重均在 13%~17%这个区间窄幅波动。

表 9–4 我国各类财政支出结构

单位：%

年份	维持性支出	经济性支出	民生性支出	其他支出
2007	24.27	19.46	42.72	13.54
2008	22.22	20.04	42.81	14.94

续表

年份	维持性支出	经济性支出	民生性支出	其他支出
2009	19.83	24.71	41.61	13.85
2010	18.00	23.98	41.41	16.61
2011	16.77	26.20	41.65	15.38
2012	16.65	26.00	43.41	13.95
2013	16.27	27.22	42.87	13.64
2014	14.96	28.05	43.31	13.68

资料来源：根据历年《中国统计年鉴》整理计算得到。

进一步，我们比较分析各个地区的财政支出结构。通过对比分析发现，我国东部、中部、西部、东北地区各项财政支出的变化既有共性也有差异。共同点表现在：四大区域都是民生性支出额居首位；经济性支出先略低于维持性支出，后一直超越维持性支出，且差额不断拉大；经济性支出占比不断上升，维持性支出占比不断下降。

不同点主要表现在：民生性支出占比的变化趋势不同，东部地区民生性支出占比有缓慢增长趋势，中部地区民生性支出占比基本保持稳定，西部地区和东北地区民生性支出占比都有波动下降趋势，不过民生性支出占比都保持在40%以上，可见我国地方各级政府都十分重视关乎人民群众切身利益的民生问题，在地方财政支出中更多地向民生领域倾斜。维持性支出占比的不断下降与经济性支出占比的不断上升也反映了我国财政支出结构的不断优化与调整（见表9-5）。

表9-5　我国各地区财政支出结构

单位：%

	年份	维持性支出	经济性支出	民生性支出	其他支出
东部地区	2007	23.96	19.18	40.29	16.57
	2008	22.75	19.92	41.20	16.13
	2009	20.38	25.67	41.05	12.90
	2010	18.81	24.18	41.19	15.81

续表

	年份	维持性支出	经济性支出	民生性支出	其他支出
东部地区	2011	17.52	25.44	41.60	15.43
	2012	17.20	25.59	43.68	13.52
	2013	16.50	26.37	43.61	13.52
	2014	15.25	27.03	43.94	13.78
中部地区	2007	25.08	15.59	45.12	14.21
	2008	22.86	16.44	45.68	15.02
	2009	20.46	20.89	45.10	13.55
	2010	18.32	20.24	42.93	18.52
	2011	16.99	21.54	43.64	17.84
	2012	16.83	20.45	45.54	17.17
	2013	16.64	21.74	44.62	17.01
	2014	15.47	26.00	45.00	13.53
西部地区	2007	24.93	21.69	43.62	9.77
	2008	21.26	21.32	42.55	14.88
	2009	19.05	24.44	42.58	13.93
	2010	16.99	23.71	40.75	18.55
	2011	15.96	28.17	40.51	15.36
	2012	16.20	27.91	41.65	14.24
	2013	16.26	29.32	41.15	13.27
	2014	14.69	30.17	41.48	13.66
东北地区	2007	22.38	17.94	46.34	13.34
	2008	21.41	18.97	44.54	15.09
	2009	18.49	22.88	45.44	13.19
	2010	16.92	25.62	41.10	16.35
	2011	15.67	26.26	41.02	17.06
	2012	15.33	26.51	43.11	15.05
	2013	14.47	29.05	41.30	15.19
	2014	13.38	30.38	42.56	13.68

资料来源：根据历年《中国统计年鉴》整理计算得到。

进一步，我们对各个区域的财政支出结构变化进行对比分析。就维持性支出而言，西部增长最快，年均增长 12.78%，中部紧随其后，东部及东北部增长率较低；在经济性支出方面，中部增长最快，年均增长率高达 29.1%，西部和东北部次之，东部最小；民生性支出的增长率也是西部最高，中部和东部次之，东北部最小。综上可知，中西部各项财政支出的年均增长率都较东部和东北地区高，这与我国大力支持中西部经济发展的战略和政策是密不可分的。

表 9–6　我国各地区各类财政支出年均增长率

单位：%

地区	维持性支出年均增长率	经济性支出年均增长率	民生性支出年均增长率	财政支出总额年均增长率
东部地区	9.84	23.05	18.63	17.17
东北地区	8.60	26.02	15.47	16.88
中部地区	12.00	29.10	19.96	20.01
西部地区	12.78	27.51	20.76	21.63

资料来源：根据历年《中国统计年鉴》整理计算得到。

三、财政支出对居民消费影响的实证分析

接下来，我们将分析财政政策对居民消费的影响。这里所采用的原始数据均来自中经网统计数据库和《中国统计年鉴》。考虑到 2007 年我国关于财政支出和 2014 年我国关于农村居民家庭人均收入的统计口径的变化，为了避免数据处理上的偏误可能导致的估计结果与实际的不一致，本章选取了 2007~2013 年我国 31 个省（市、自治区）的面板数据作为样本。在实证分析中，所有变量均经过价格处理，基期为 2007 年。表 9–7 给出了各个变量的定义。另外，鉴于我国经济发展的区域差异，我们从全国范围和区域层面分别考察地方财政支出规模和结构对城镇居民消费的影响。

表 9-7　模型中各个变量的定义

变量	定义
CR	城镇居民消费率
INC	城镇居民收入（万元/人）
GOV	财政支出（万元/人）
G1	维持性支出占比
G2	经济性支出占比
G3	民生性支出占比

我们利用财政支出规模和结构作为财政政策的代理变量，研究对象为城镇居民的消费率。鉴于可支配收入是居民消费的主要来源，本章将城镇居民收入（INC）作为控制变量纳入地方财政支出（GOV）对城镇居民消费率（CR）影响的实证研究中，首先建立地方财政支出规模影响城镇居民消费的面板数据回归模型：

$$CR_{it} = \alpha_0 + \mu_i + \alpha_1 GOV_{it} + \alpha_2 INC_{it} + \varepsilon_{it}$$

$$(i = 1, \cdots, 31;\ t = 2007, \cdots, 2013) \tag{9-1}$$

其中，μ_i 为个体效应；ε_{it} 为随机扰动项。

财政政策对城镇居民消费的影响不仅取决于财政支出规模，同时也受制于财政支出结构。要探究财政政策对城镇居民消费的影响，必须深入财政支出的结构层面，因此我们将维持性支出占比（G1）、经济性支出占比（G2）和民生性支出占比（G3）作为解释变量纳入回归模型（模型中没有引入其他支出占比，如果引入，则四种支出占比之和为 1，将引发完全的多重共线性）：

$$CR_{it} = \alpha_0 + \mu_i + \alpha_1 G1_{it} + \alpha_2 G2_{it} + \alpha_3 G3_{it} + \alpha_4 INC_{it} + \varepsilon_{it}$$

$$(i = 1, \cdots, 31;\ t = 2007, \cdots, 2013) \tag{9-2}$$

本章采用 Eviews 7.0 软件对上述模型进行实证分析，估计结果分别如表 9-8 和表 9-9 所示。

表 9-8 财政支出规模对城镇居民消费影响的回归结果

变量	固定效应	随机效应
α_0	0.15*** (0.02)	0.16*** (0.04)
α_1	-0. 02** (0.01)	-0. 01** (0.00)
α_2	0.03** (0.01)	0.01 (0.01)
R-squared	0.84	0.82
α_0	15.570***	

注：括号内为标准差。***、**、* 分别表示 1%、5%和 10%的显著性水平。

表 9-9 各个地区财政支出规模对城镇居民消费的影响

区域	东部地区	东北地区	中部地区	西部地区
α_0	0.11** (0.03)	0.12** (0.05)	0.16*** (0.02)	0.18** (0.08)
α_1	-0.11 (0.07)	-0.17** (0.08)	-0.07 (0.05)	-0.02* (0.01)
α_2	0.04** (0.02)	0.23** (0.11)	0.01** (0.00)	0.03*** (0.01)
R-squared	0.85	0.89	0.85	0.81

注：括号内为标准差。***、**、* 分别表示 1%、5%和 10%的显著性水平。

从表 9-8 可以看出：①从全国范围来看，地方财政支出的回归系数为负值，说明地方财政支出对城镇居民消费有挤出效应；②我国城镇居民收入的回归系数大于零，说明城镇居民收入的增加会使城镇居民的消费率上升，从而提高城镇居民消费水平。

然后我们探讨地方财政支出规模对各个地区城镇居民消费的影响。实证分析发现，Hausman 检验结果大多支持固定效应模型，因此我们在表 9-9 中仅给出固定效应模型的估计结果。从回归结果可以看出：①从地方财政支出来看，我国不同区域的财政支出对城镇居民消费的影响均为负。这进一步证实了上面的结论，即财政支出对城镇居民消费具有挤出效应。②这种挤出效应具有显著的区域差异，各个地区的挤出程度不一，东北地区>东部地区>中部地区>西部地区。③四大区域城镇居民收入的回归系数虽大小不一，但均为正数，说明城镇居民收入水平是影响城镇居民消费的重要因素。

进一步，我们基于模型（9-2）实证分析地方财政支出结构对城镇居民消费的影响。估计结果如表 9-10 所示。

表 9-10　财政支出结构对城镇居民消费影响的回归结果

变量	固定效应	随机效应
α_0	0.05^{***} (0.01)	0.06^{**} (0.03)
α_1	-0.14^{**} (0.06)	-0.03^{***} (0.01)
α_2	0.05^{*} (0.02)	0.06^{*} (0.03)
α_3	0.12^{**} (0.06)	0.15^{*} (0.08)
α_4	0.07^{***} (0.02)	0.03^{**} (0.01)
R-squared	0.87	0.79
Hausman Test	35.496^{***}	

注：***、**、* 分别代表 1%、5%和 10%的显著性水平。

从表 9-10 给出的回归结果可以看出，不同的财政支出项目对城镇居民消费的影响具有较大差异。无论是固定效应模型还是随机效应模型，估计结果均显示维持性支出占比的回归系数小于零，这说明维持性支出在财政支出中占比的提高会挤出城镇居民消费，降低居民消费率。此外，经济性支出和民生性支出所占比重提高均会增加居民消费率，这表明经济性支出和民生性支出对城镇居民消费具有挤入效应，且民生性支出的挤入效果大于经济性支出。

从表 9-11 给出的回归结果可以看出，财政支出结构对城镇居民消费的影响具有显著的区域差异。不同地区的各项财政支出项目对居民消费率的作用方向和影响程度都不尽相同，具体结论如下：

表 9-11 各个地区财政支出结构对城镇居民消费的影响

地区	东部地区	东北地区	中部地区	西部地区
α_0	0.14* (0.06)	0.21** (0.09)	0.15* (0.07)	0.15* (0.08)
α_1	−0.26*** (0.04)	−0.07** (0.03)	−0.24** (0.12)	−0.09* (0.05)
α_2	0.05*** (0.01)	0.10 (0.07)	0.09* (0.05)	0.02*** (0.01)
α_3	0.07*** (0.02)	0.16** (0.07)	0.14** (0.06)	0.16*** (0.05)
α_4	0.09*** (0.02)	0.08*** (0.01)	0.08*** (0.02)	0.04*** (0.01)
R-squared	0.89	0.92	0.85	0.84

注：***、**、* 分别代表 1%、5%和 10%的显著性水平。

第一，就维持性支出而言，各个地区维持性支出比例的回归系数 α_1 均为负，表明维持性支出对城镇居民的消费具有挤出效应。但各个地区维持性支出对城镇居民消费的挤出效果大小不一，东部地区和中部地区的挤出效应较大，而东北地区和西部地区的挤出效应较小。

第一，就经济性支出而言，各个地区经济性支出占比的回归系数 α_2 均为正，且除东北地区外均通过了显著性检验，这表明在我国东部地区、中部地区和西部地区，经济性支出对城镇居民消费具有显著的挤入效应。

第三，就民生性支出而言，各个地区民生性支出占比的回归系数 α_3 均为正，并且通过了显著性检验，这说明民生性支出对我国各个地区城镇居民的消费均有挤入效应。

我国各项地方财政支出对城镇居民消费的影响不同，且不同区域地方财政支出的影响效应也存在明显的方向和程度差异，因此政府在制定财政政策刺激城镇居民消费时应考虑到这些差异性而制定有针对性的策略。

四、政策建议

在前文研究的基础上，就我国如何刺激城镇居民消费提出以下政策建议：

首先，完善现行财政体制，合理控制地方财政支出规模。1994 年分税制财政体制改革以来，我国地方政府的经济行为日渐合理化，经济实现了快速发展，但我国现行财政体制依旧存在弊端。实践证明，地方财政支出规模并非越大越好，各级政府应考虑地方经济发展的需要，适度控制财政支出规模，将财政支出项目更多地向城镇经济发展的最终需求倾斜。此外，各级政府应重视政策之间的互动性和协调性，尽可能弱化财政支出的挤出效应，增强其对城镇居民消费的挤入效应。

其次，进一步优化地方财政支出结构。各级政府在制定政策以刺激城镇居民消费时，不应简单地局限于财政支出规模或总量上的控制，更应重视财政支出结构上的优化和调整。第一，合理控制维持性支出的投入。维持性支出对一国经济社会的稳定发展有着重要意义，但维持性支出过度，则会形成对生产与消费的挤出效应。维持性支出作为一种纯消耗性支出，如果相对规模过大，则会影响其他支出的消费传导效应。因此，各级政府应深化机构改革，建立完善的财政支出资金监管机制，提高政府管理效率，合理控制维持性支出规模，尽可能减少其对城镇居民消费的替代作用。第二，加大经济性支出的投入。实证分析发现，经济性支出对城镇居民消费存在挤入作用，且不同区域的挤入程度存在差异。第三，加强在民生领域的投资力度。研究发现，全国范围内民生性支出的增加会促进城镇居民消费，各区域民生性投入的增加对城镇居民消费也产生了不同程度的积极影响。因此，地方政府要加大城镇义务教育投入力度，加强城镇科技投入和完善新农合制度等，从根本上改善城镇民生问题，促进城镇居民放心消费、合理消费，进而全面提高城镇居民消费水平。此外，继续健全和完善以最低生活保障、养老保险等为主的城镇社会保障体系建设，解除城镇居民的后顾之忧，保障居民消费公平，增强居民消费信心，提升居民消费整体水平。

第二节　货币政策对城镇居民消费的影响

长期以来，我国居民消费率一直呈现低迷状态，“高储蓄，低消费”成为我国经济的重要特征之一。为了刺激消费从而带动经济增长，政府尝试采用了多种货币政策，然而居民消费不振的现象并没有获得显著改善。一个可能的原因在于：居民消费对货币政策的反应具有非对称特征。例如，Duesenberry（1949）认为居民消费具有显著的“棘轮效应”，即消费习惯形成之后有不可逆性，增加消费易而减少消费难。这一特征导致货币政策对居民消费的影响可能具有非线性效应。

因此，为了启动内需，提高我国居民消费率，保持我国国民经济持续、健康、平稳增长，我们必须回答下述问题：货币政策对居民消费率是否具有显著的非线性特征？如何揭示并且描述货币政策对居民消费率非线性影响的作用机理及冲击效应？该种作用机理和冲击效应给货币当局带来何种启示？

研究上述问题将揭示货币政策对我国居民消费的影响机理，有助于货币当局制定适当的货币政策，对于刺激消费、提振内需具有重大的理论价值和现实意义。

关于货币政策对居民消费水平影响的分析，国内外学者进行了大量的研究。归纳起来，学者们主要从以下视角展开了分析：其一，货币政策的冲击效应。Paul（2008）、郭新强（2013）、孙宁华（2013）等通过构建动态一般随机均衡模型，探讨了货币冲击对消费需求的影响路径及其形成机理。Cover（1992）、Karras（2007）等的实证分析也发现，紧缩性货币政策对产出和消费有显著影响，而扩张性货币政策对产出和消费的影响并不显著，由此他们认为货币政策对消费的影响确实存在非线性效应。其二，货币政策变化带来的不确定性。Charles（1999）、陈学彬（2005）、卢盛荣（2009）在分析货币政策变化引致的不确定性对居民消费影响的微观机理的基础上，通过构建计量模型实证分析发现，货币政策对居民消费的影响具有明显的滞后性特征。梁云芳（2011）的研究结果也证实，长期中货币政策对居民消费的影响具有显著的非线性特征。其三，货币政策变化对消费信贷的影响。万广华（2001）、李程（2014）等从货币政策的信用渠道入手，研究消费信贷对消费需求的作用机制。研究发现，货币政策对不同收入群体消费的作用并不相同。实施宽松的货币政策时，居民容易获得消费信贷，消费水平将提高；而实施紧缩性的货币政策时，中低收入群体难以获得贷款，从而导致消费下降。赵昕东（2011）的实证研究结果支持了万广华（2001）等学者的观点，认为我国的货币政策对消费支出的影响确实存在显著的非线性效应。

综观上述相关文献，学者们的研究主要存在以下不足：首先，学者们多数假定消费者为同质的，即消费者具有相同的行为特征，但这个假定过于苛刻且与现实情况并不相符。消费者的收入、环境、宗教信仰等方面的差异都可能导致其消费行为的不同。其次，大部分学者假定模型具有参数稳定性而没有考虑结构突变问题，但事实上居民的消费行为可能会因为收入等的改变而发生变化。最后，从研究方法来看，上述学者均是在线性模型的研究框架内进行分析的，因而不能很好地度量由于制度、收入等因素改变所导致的消费者行为变化。为了弥补上述不足，本书在假定消费者具有异质性的基础上，考虑结构突变因素的影响，尝试应用非线性的平滑转换模型考察我国城镇居民消费行为的特征。

一、数据来源和变量定义

本书所选取的数据为 2003 年第一季度至 2016 年第一季度的季度数据，因此在实证研究中共使用了 53 组样本数据进行分析。实证分析中所有原始数据均来源于中经网统计数据库。表 9-12 为各变量的描述性统计特征。

表 9-12 各变量的描述性统计特征

统计量	城镇居民消费（千元）	城镇居民收入（千元）	实际利率（%）
平均值	2.6947	3.8083	3.1499
中位数	2.6603	3.6962	3.2072
极大值	4.3640	6.7651	6.9597
极小值	1.4708	1.9881	-0.5308
标准差	0.7828	1.2544	1.8070
偏态系数	0.3306	0.3430	0.0358
峰态系数	2.0531	2.1268	2.3229
雅克—贝拉统计量	2.9454	2.7234	1.0239

其中，变量 c 为我国城镇家庭人均消费支出（单位：千元），变量 y 为我国城镇家庭人均可支配收入（单位：千元），上述两个变量均根据通胀水平进行了调整（基期为 2003 年第一季度），此外在实证分析之前还进行了季节调整。变量 Cr 代表城镇居民消费率，是居民消费支出和可支配收入之比。变量 r 为银行间 61~90 天同业拆借加权平均利率（也为实际利率，并转换为年率）。

二、模型建立和非线性检验

我们根据封福育（2016）的研究，建立如下形式的计量经济模型，分析货币政策对城镇居民消费的影响：

$$Cr_t = \alpha_0 + \alpha_1 Y_t + \alpha_2 r_t + \varepsilon_t \tag{9-3}$$

其中，Cr_t 代表城镇居民第 t 期的消费率；Y_t 代表消费者第 t 期的实际收入；α_0、α_1 和 α_2 为待估参数；ε_t 代表随机误差项。

然而，上述线性模型无法刻画货币政策对居民消费的不对称影响。Morgan（1993）和 Agenor（2001）等认为，由于消费者预期、流动性陷阱、名义工资的刚性、菜单成本和信贷约束等原因的存在，货币政策对消费的冲击具有非线性和非对称性特征。然而，模型（9-3）无法刻画出该特征，所以本书将上述模型扩展为如下的非线性平滑转换回归模型（Smooth Transition Regression Model，简称为 STR 模型）：

$$Cr_t = \alpha_0 + \alpha_1 Y_t + \alpha_2 r_t + (\beta_1 Y_t + \beta_2 r_t) f(z, \gamma, c) + \varepsilon_t \tag{9-4}$$

模型（9-4）为非线性的平滑转换回归模型。其中，f(z，γ，c）表示转换函数，转换函数 f(z，γ，c）中的 z 为阈值变量，γ 为决定机制转换速度的平滑参数，c 为阈值参数。转换函数 f(z，γ，c）的大小主要取决于阈值变量 z 和阈值参数 c 的相对大小。

STR 模型的转换函数 f(z，γ，c）通常有两种形式，一种为逻辑转换函数（LSTR 模型），表述为：

$$f(z, \gamma, c) = \frac{1}{1 + \exp[-\gamma \times (z - c)]} \tag{9-5}$$

另一种为指数转换函数（ESTR 模型），表述为：

$$f(z, \gamma, c) = 1 - \exp[-\gamma \times (z - c)^2] \tag{9-6}$$

本书选取利率 r 为阈值变量，即随着实际利率（货币政策）的变化，转换函数 f(z，γ，c）在 0~1 平滑移动。货币政策变化对城镇居民消费的影响也在两个机制之间平滑转换。

对于模型（9-4），本书所要解决的检验问题可归结为：线性模型对非线性模型的检验、转换函数形式的检验。

货币政策变化对城镇居民消费的影响是具有线性特征还是非线性特征？即实证分析中应该选用线性模型（9-3）还是非线性模型（9-4）。根据 Dijk 等（2002）的理论，对于模型的非线性检验基于转换函数的三阶泰勒展开式（将指数转换函数和逻辑转换函数分别在原点进行三阶泰勒展开，并将泰勒展开式作为转移函数的近似式代入模型（9-4）。为了表述方便，我们这里选取代表货币政策的变量 r 作为阈值变量，即定义 $q_t = (r_t)$，$x_t = (1, y_t, r_t)$，由此我们可以建立如下形式的辅助回归：

$$Cr_t = x_t\beta_0 + x_t q_t \beta_1 + (x_t q_t^2)\beta_2 + (x_t q_t^3)\beta_3 + \varepsilon_t \tag{9-7}$$

Teräsvirta（1992）、Caner 和 Hansen（2001）提出应用 LM 乘数检验来判

断模型是否具有非线性性质。其主要思想为：

$H_0：\beta_1=\beta_2=\beta_3=0$，$H_1：\beta_{ji}$ 不全为 0。

相应的检验统计量 $LM=N\times\left(\frac{RSS-RSS^*}{RSS}\right)\sim\chi^2(3m)$，其中，RSS 为在虚拟假设下受约束回归的残差平方和，而 RSS^* 是无约束模型的残差平方和，m 为解释变量个数，N 为观测值数量。如果虚拟假设成立，则表示模型不存在非线性效应，模型退化为一个线性模型；如果拒绝虚拟假设，则表示模型存在非线性效应。

如果模型具有非线性效应，接下来应当确定非线性转换函数的形式。为此需要对 STR 模型（9-4）进行递归的 LM 乘数检验，以确定非线性转换函数的形式。依次进行检验的虚拟假设分别为：$H_{01}：\beta_3=0$；$H_{02}：\beta_2=0/\beta_3=0$；$H_{03}：\beta_1=0/\beta_2=\beta_3=0$。如果 $H_{01}：\beta_3=0$ 或 $H_{03}：\beta_1=0/\beta_2=\beta_3=0$ 被最强烈地拒绝，那么非线性转换函数应该选择 LSTR 模型形式；如果 $H_{02}：\beta_2=0/\beta_3=0$ 被最强烈地拒绝，那么非线性转换函数通常应该选择 ESTR 模型形式。表 9-13 给出了对模型（9-4）进行非线性检验和递归的 LM 乘数检验结果。

表 9-13　模型（9-4）转换函数的递归 LM 检验

模型设定检验	模型（9-4）的检验结果
$H_0：\beta_1=\beta_2=\beta_3=0$	0.0209
$H_{01}：\beta_3=0$	0.0396
$H_{02}：\beta_2=0/\beta_3=0$	0.1968
$H_{03}：\beta_1=0/\beta_2=\beta_3=0$	0.4186
选用模型	LSTR 模型

注：表内给出的是精确的 p 值。

由表 9-13 给出的检验结果可知，在 5%的显著性水平下，模型（9-4）拒绝虚拟假设 $H_0：\beta_1=\beta_2=\beta_3=0$，这表明模型（9-4）具有非线性效应。进一步的递归 LM 检验结果表明，实证分析中模型（9-4）应该选择 LSTR 模型。

三、模型的参数估计

确定了模型（9–4）的阈值变量和转换函数的形式之后，我们还需对模型（9–4）进行参数估计。STR 模型参数估计的关键问题在于初值的设定，为了确定平滑参数 γ 和阈值参数 c 的初始值，本书采用二维网格搜索方法（见图 9–2、图 9–3）。对于平滑参数 γ 的构造区间为［0.5，10］，步长为 0.095；对于阈值参数 c 的构造区间为［0.50，5.00］，步长为 0.045。然后任意取一组平滑参数 γ 和阈值参数 c，计算模型的残差，求出使得残差平方和最小时对应的平滑参数 γ 和阈值参数 c，作为进一步进行非线性优化估计的初始值。

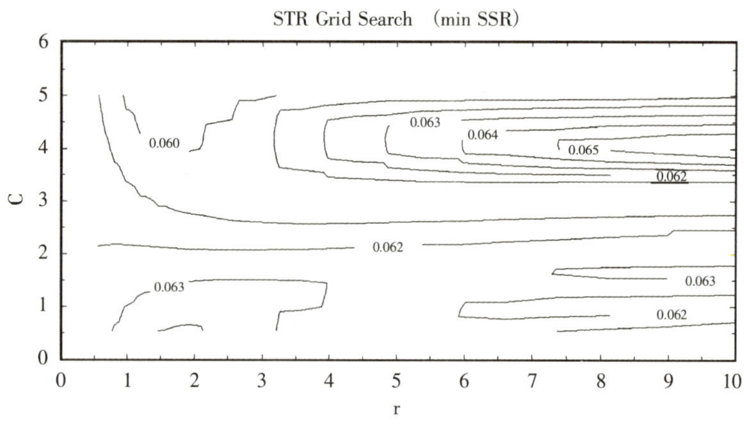

图 9–2　二维网格搜索得到的等高线图

最终我们得到平滑参数 γ 和阈值参数 c 的初始值分别为 1.7217 和 4.4952。进一步，将其代入模型（9–4），利用递归的 Newton—Raphson 方法，求解出极大条件似然函数，这样我们就可以计算出模型（9–4）的参数估计值，如表 9–14 所示。

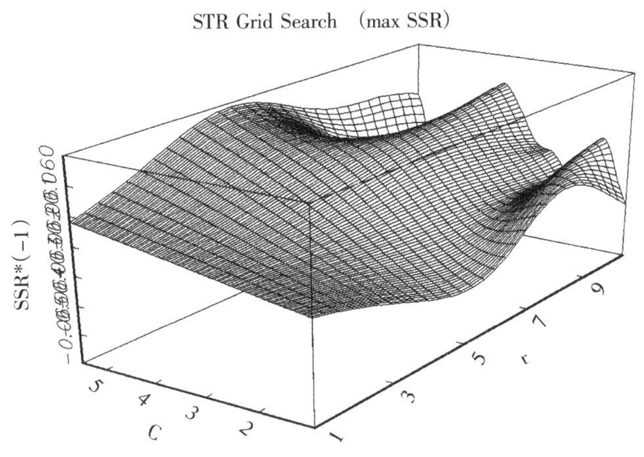

图 9-3　二维网格搜索得到的三维图像

表 9-14　STR 模型的 NLS 估计结果

待估参数	估计值	标准差
α_0	1.8003***	0.1766
α_1	-0.1375***	0.0219
α_2	-0.2017**	0.0952
β_0	-1.9532***	0.4346
β_1	-0.0297***	0.0034
β_2	0.0529**	0.0263
γ	1.8367*	0.9877
c	4.8670***	0.5776
$\bar{R}^2$	0.6173	

注：***、**、* 分别代表 1%、5%和 10%的显著性水平。

四、模型的结论分析

我们估计得到 STR 模型（9-4）的阈值参数 c = 4.8670，表明如果实际利率低于 4.8670 时，转换函数 f(z，γ，c）的取值将趋于 0，那么 STR 模型（9-4）将处于低机制区，货币政策对我国城镇居民消费的影响由系数 α_1 = -0.1375 决定，此时采取货币政策对城镇居民消费的影响较小，实际利率上升 1 个百分点，城镇居民消费率将上升约 0.14 个百分点；如果实际利率高于 4.8670，转换函数 f(z，γ，c）的取值将趋于 1，那么 STR 模型将处于高机制区，货币政策对城镇居民消费的影响由系数 $\alpha_1 + \beta_1 = -0.1672$ 决定，此时货币政策对城镇居民消费的影响较大，实际利率上升 1 个百分点，城镇居民消费率将上升约 0.16 个百分点；当实际利率在阈值 4.8670 附近时，货币政策对城镇居民消费的影响程度在高低两个机制之间平滑转换，而且由于平滑参数接近取值 1.8367，模型在不同机制之间的转换速度较快。

实证分析的结果同时表明，当利率低于阈值水平时，收入变动对消费的影响程度较小，此时收入增加 1000 元，城镇居民消费率将下降约 0.2017 个百分点；当利率高于阈值水平时，收入变动对消费的影响程度较大，此时收入增加 1000 元，城镇居民消费率将下降约 0.2546 个百分点。

这一估计结果与刘金全（2009）、梁云芳（2011）等的研究结果相近，即货币政策对我国城镇居民消费率的影响不仅是非线性的而且是不对称的。究其原因主要在于，货币政策是通过以下几个途径对居民消费产生影响的：①扩张性货币政策将通过流动性效应降低短期名义利率，从而促使企业增加投资和产出，提高居民收入，最终使居民消费增加，这就是收入效应。②与此同时，利率下降意味着居民所持有的资产价格提高，即居民所拥有的财富增加，也有利于刺激居民消费，这是扩张性货币政策带来的财富效应。③货币政策可能改变消费者的通胀预期，政府采取扩张性货币政策将推高消费者对未来通胀水平的预期，居民为避免储蓄遭受贬值，将增加当期消费。因此，当利率处于较高水平时，扩张性货币政策具有较大的操作空间，居民对货币政策的实施效果具有乐观预期，此时货币政策对居民消费的影响较大；当利率处于较低水平时，货币政策的操作空间较小，居民对货币政策的实施效果心怀疑虑，此时货币政策对居民消费的影响较小。

五、建议

货币政策对我国城镇居民消费的影响具有非线性和非对称性的特点。这

表明：政府对于运用货币政策来提高城镇居民消费率要持有审慎的态度。货币政策的调整应根据具体的经济环境，结合城镇居民可能的预期制定实施。具体而言，我们应该做好以下几点：

（1）在货币政策实施过程中，应提高货币政策的透明度，帮助公众形成合理的预期。根据上述分析以及行为经济理论可知，在货币政策传导过程中，居民预期以及情绪波动会进一步加大货币政策的非对称效应。为此，货币当局可以通过加强与居民的信息交流，确保货币政策信息发布的准确性、及时性和有效性，从而消除货币政策波动所引发的非对称性效应。

（2）针对不同的经济环境和利率水平实施不同的货币政策。通过上述实证分析可知，在不同的经济环境和利率水平下，货币政策的实施效果并不相同。这也意味着，要保证我国宏观经济健康平稳运行，城镇居民的消费水平稳定提高必须根据不同的经济环境采用不同力度的货币调控政策。

第三节　小结

在本章中，我们分析了产业结构升级进程中财政政策和货币政策对居民消费的影响。

首先，本章分析了财政政策对居民消费的影响。我们在探讨财政政策对居民消费影响的作用机理时，分析了我国财政支出规模和支出结构的现状特征与变化趋势，而后实证研究了财政政策对城镇居民消费的影响。实证分析结果表明，我国的财政支出对城镇居民消费的影响均为负，即财政支出对城镇居民消费具有挤出效应。而且这种挤出效应具有显著的区域差异，各个地区的挤出程度不一，东北地区>东部地区>中部地区>西部地区。另外，从财政支出的结构来看，不同的财政支出项目对城镇居民消费的影响具有较大差异。维持性支出在财政支出中占比的提高会挤出城镇居民消费，降低居民消费率，而经济性支出和民生性支出所占比重提高均会增加居民消费率，这表明经济性支出和民生性支出对城镇居民消费具有挤入效应。从区域层面来看，财政支出结构对城镇居民消费的影响具有显著的区域差异，不同地区的各项财政支出项目对居民消费率的作用方向和影响程度都不尽相同。

其次，我们通过建立 STR 模型实证分析了货币政策变化对城镇居民消费的影响。实证分析结果证实，货币政策变化对城镇居民消费的影响具有非线性效应。我们估计得到 STR 模型的阈值参数 c=4.8670，表明如果实际利率低于 4.8670 时，采取货币政策对城镇居民消费的影响较小，实际利率上升 1 个百分点，城镇居民消费率将上升约 0.14 个百分点；如果实际利率高于 4.8670，此时货币政策对城镇居民消费的影响较大，实际利率上升 1 个百分点，城镇居民消费率将上升约 0.16 个百分点；当实际利率在阈值 4.8670 附近时，货币政策对城镇居民消费的影响程度在高低两个机制之间平滑转换，而且由于平滑参数接近取值 1.8367，模型在不同机制之间的转换速度较快。

第十章　政策建议

通过前文研究，我们发现流动性约束、消费信贷、收入不确定性和社会保障等因素对城镇居民消费具有显著影响。因此，为了提高我国城镇居民消费率，提振内需，从而实现国民经济的持续平稳增长，我们提出以下几方面的政策建议。

第一节　发展消费信贷

理论研究和实证分析的结果均表明，消费信贷一方面能够避免流动性约束的影响，提高居民当期消费，另一方面也能够平滑城镇居民的消费路径，合理安排其终身消费水平，从而降低储蓄，提高居民消费率。为此，我们可以从以下方面入手：

1. 鼓励城镇居民转变传统消费观念，适度倡导居民消费信贷

长久以来，我国城镇居民深受传统消费观念的影响，诸如“知足常乐”“无债一身轻”“由俭入奢易，由奢入俭难”以及“量入为出”等理念深入人心。因此，要发展消费信贷、使广大居民接受和包容提前消费，必须转变居民传统的消费理念。改革开放后，随着我国经济的快速发展，居民的生活水平日益提高，为我国居民消费信贷的发展创造了客观条件。但是对于深受传统消费理念影响的城镇居民而言，信贷消费是一种新型的消费模式，要让广

大居民完全接受还需要一段时间。在这个转变过程中，需要政府部门和相关机构大力倡导与宣传。政府可以在电视、报纸和广播等传媒机构加大对个人消费信贷的宣传教育，在城镇居民中全面普及个人消费信贷的相关知识和理念，让广大消费者了解什么是个人消费信贷、个人消费信贷的发展对消费者自身有什么好处，从而循序渐进地推广超前消费的理念，引导广大居民合理使用个人信贷进行消费支出，将个人消费信贷行为平稳化和长期化。

2. 进一步建立和完善消费信贷市场，优化消费环境

我们应建立和培育多层次、多类型的城镇消费信贷体制。消费信贷的提供者不应仅局限于国有商业银行，政府应该大力支持和扶植消费金融机构与信用卡公司，倡导相关金融机构根据城镇居民的收入和消费特点提供多种类型的个人信贷产品，不断扩大消费信贷市场，吸引更多的居民使用信贷形式进行适度消费。

3. 引导个人消费信贷多元化，优化消费信贷结构

为了进一步发展我国的个人消费信贷业务，促进居民消费率的提高，必须在扩大居民消费信贷总量的同时，注重优化个人消费信贷的结构。为此，我们要大力发展和推行适合城镇居民消费方式与消费内容的个人消费信贷品种，从而促进我国个人消费信贷业务的发展。当前我国消费信贷市场为居民提供的个人消费贷款主要集中于个人住房贷款和汽车贷款两个领域，金融机构很少涉及食品、衣着、文化娱乐等非耐用商品以及服务性消费品等相关领域。而大量研究表明，住房贷款的发放一方面会促进住房消费支出的增长，拉动与房地产业关联密切的耐用消费品消费支出的增长，但另一方面由于住房贷款的首付款额度和各期所需偿还的本息额度非常大，住房贷款对非耐用商品以及服务性消费品的消费会产生很大的挤出效应。由此，政府应该积极发挥其宏观调控的引导作用，鼓励和建议相关金融机构对个人消费信贷的结构进行调整，倡导居民消费信贷业务朝多元化方向发展，从而推动我国城镇居民个人消费信贷业务的良性发展。

4. 建立与健全相关法律和制度，规避消费信贷风险

在个人消费信贷快速发展的同时，也要注意防止过度消费，控制消费信贷风险。一方面，要注意控制居民的杠杆比率。以美国次贷危机为例，消费者初期的低利率水平将带来很高的杠杆比率，从而导致未来还款额度的增加和断供风险的提高，最终可能引致居民和相关金融机构蒙受重大损失；另一方面，要加强金融监管，保护广大消费者的合法权益。随着消费信贷业务的多元化，消费信贷业务种类不断增加，消费信贷产品的风险隐蔽性和复杂性也日益突出。因此，政府和相关金融机构应防范和避免消费信贷的不良行为，规避信用风险，并组织相关的消费者协会为金融机构和消费者提供咨询和管理服务，为我国城镇居民消费信贷的发展提供有力的智力支持和物质保障。

第二节　进一步完善社会保障制度

我国城镇居民的消费不足是影响我国内需的主要原因之一，居民的消费意愿不强烈则是居民消费率偏低的基础性因素。当前我国广大城镇居民的消费能力在不断增长，但消费意愿则出现明显的下滑态势，我国当前的社会保障体系落后是关键原因之一。因此，为了提高城镇居民消费，我们可以从以下几个方面入手：

1. 加大社会保障方面的财政投入

近年来，我国社会保障支出的投入增长较快，但总量规模仍然偏低。2014 年，我国五项社会保险（含城镇居民基本养老保险）基金收入合计 39828 亿元，比上年增加 4575 亿元，增长率为 13.00%；基金支出合计 33003 亿元，比上年增加 5086 亿元，增长率为 18.20%。但社保基金支出仅占 2014 年 GDP 的 5.19%，不仅远低于西方国家 30%~50%的比重，也低于新兴经济体国家 20%左右的平均水平。大量的理论研究和实证分析也表明，各地区的居民消费率与社会保障支出之间具有显著的正相关关系。因此，政府应该继续加大社会保障资金的财政投入。

2. 实现社保资金来源的多元化，多渠道加大社保投入

资金是社会保障支出的重要物质基础。随着我国社会保障体系建设的日趋完善、社会保障覆盖范围的不断扩大和社会保障水平的逐步提高，拓宽筹集社会保障资金的渠道、保证社保资金的充分供给以及社保资金保值增值的方法和手段变得非常重要。因为只有这样才能保证我国的社会保障体系具有可持续性。特别是在目前我国人口红利逐步消失、老龄化现象日益明显的背景下，通过多种渠道获取社会保障资金的支持，加快社会保障资金来源的多元化具有重要意义。因此，除了加大财政支出方面的社会保障投入比重外，还要充分调动现有的各种社会资源来筹措社保资金。另外，应利用商业保险等机构从不同渠道获取资金，进一步夯实我国社会保障体系的物质基础。

3. 扩大我国社会保障的覆盖面

由国家统计局公布的数据可知，截至 2014 年底，全国参加城镇职工基本养老保险的人数为 34115 万人，比 2013 年增加 1897 万人。参加城镇居民基本养老保险的人数为 50107 万人，比 2013 年增加 357 万人。参加基本医疗保险的人数为 59774 万人，比 2013 年增加 2702 万人。其中，参加职工基本医疗保险的人数为 28325 万人，比 2013 年增加 882 万人；参加居民基本医疗保险的人数为 31449 万人，比 2013 年增加 1820 万人。参加失业保险的人数为 17043 万人，比 2013 年增加 626 万人。2014 年末，全国领取失业保险金的人数为 207 万人。参加工伤保险的人数为 20621 万人，比 2013 年增加 703 万人，其中参加工伤保险的农民工为 7362 万人，比 2013 年增加 98 万人。参加生育保险的人数为 17035 万人，比 2013 年增加 643 万人。通过分析我们发现，我国社会保障的覆盖范围正在逐步扩大，从国有企业扩大到民营企业，从在岗职工扩大到待岗人员。

4. 加大社会保障地区间的转移支付力度

由于各个地区地理位置、资源禀赋和经济发展状况不同，各个地区社会

保障支出的财政负担也有所差异。东北地区和广大西部地区的一些省份，如辽宁、吉林、四川、云南、甘肃、青海各省的财政负担非常重，而东部沿海地区，如上海、江苏、浙江和广东等省份的社会保障财政负担较轻。大量的实证研究表明，社会保障支出对居民消费有很大影响。因此，为了提高居民消费率，政府应该注意缩小各个地区之间的社会保障支出差异。社会保障公共服务是一项全国统筹的收入再分配体系，中央政府应该通过加强地区间的转移支付，缩小经济发达地区和经济落后地区之间的社会保障差距。

第三节　稳定居民收入预期，缩小收入差距

除了消费信贷和社会保障这两个主要因素外，收入也是影响城镇居民消费的重要因素。为此，我们可以从以下几方面入手：

1. 居民收入预期，降低收入波动

理论分析和实证研究结论指出，居民消费率的提高在于居民具有良好的收入预期，否则即使当期收入提高了，会害怕将来收入下降而进行预防性储蓄。因此，稳定收入预期是提高居民消费率的关键之一。而稳定收入预期要求整个经济社会的失业率下降或者对劳动力的需求不断上升，人民不会害怕失去工作。这就要求我们做到以下几点：①注意拓宽就业渠道。我国要大力发展吸纳就业能力强的小微企业。把发展小微企业作为一项重要工程来扶持，进一步改革和完善当前的工商注册登记制度，对小微企业在融资和政策扶持方面给予更多的优惠。②推行多元化的就业形式。经济发展中要注意调整经济结构，给广大居民创造更多的就业岗位。另外，我们也要重视对在职工人的教育和培训，尤其是注重提高中低收入者的劳动技能，帮助下岗工人再就业。③大力促进第三产业发展，鼓励城镇居民自主创业，创造更多的就业岗位。另外，发动社会力量给部分就业困难居民寻求临时性、季节性的就

业岗位，从而稳定居民收入预期。④降低居民收入波动。对于绝大多数城镇居民而言，工资性收入和经营性收入是他们总收入的主要来源。因此，要稳定城镇居民的收入预期、降低收入的不确定性，必须要保证这两项收入的稳定，降低城镇居民收入的波动性。为此，政府应该努力完善劳动力市场，加强对劳动者合法权益的保护，避免部分企业的拖薪欠薪行为。

2. 制定合理的收入分配制度

在市场经济条件下，缩小城镇居民收入差距的制度设计应该一方面坚持以劳动作为收入分配的基本尺度，另一方面也不否认客观生产条件差异所引致的收入差距。其关键在于使不同要素所有者的权利与其所提供的要素相对等。但是，在改革开放的实践中仍然暴露出一部分问题。例如，劳动者报酬在收入分配中的占比过低。2014 年，我国劳动者报酬占 GDP 的比重不到 40%，而欧洲国家等发达国家的这一比重高达 60%以上。因此，党的十八大报告中提出两个提高："提高居民收入在国民收入分配中的比重，提高劳动报酬在初次分配中的比重。"此外，十八大报告也指出："规范收入分配秩序，保护合法收入，增加低收入者收入，调节过高收入，取缔非法收入。"这些都是根本性、基础性的制度安排。在具体实施过程中，要注重创造和维护公平的竞争环境，倡导广大城镇居民勤劳致富，支持创业创新，进行合法经营。另外，政府要建立和完善公正合理的收入分配体制。要尽快制定和完善工资支付保障、社会救助和税收征管等方面的相关制度，做好关于收入分配方面的立法工作。

3. 缩小城镇收入差距

我国是一个典型的二元经济国家。收入分配不平等的一个重要表征就是城乡收入差距较大。要缩小城乡收入差距，必须做好以下几个方面的工作：①改革户籍制度。要打破城乡壁垒，建立统一的城乡市场，实现资金、要素和劳动力的自由流动。发挥劳动力市场对收入分配的调节作用，必须改革不合理的户籍制度。现行的二元户籍制度是我国特定历史发展阶段的产物，随着改革开放的深入，城乡分割的二元户籍制已不再适应我国经济发展的需

要，成为了阻碍我国城乡协调发展、实现新型城镇化的桎梏。因此，必须首先对其进行改革。具体的做法是：实现城乡户籍的一体化和无差异，此外还要减少对流动人口特别是农民工的落户限制。②大力推行城乡基本公共服务均等化。党的十八大报告提出了“到 2020 年要基本实现公共服务均等化”的战略目标。城乡基本公共服务均等化的实现，对于改善城镇和落后地区的民生条件、维护社会稳定、促进城乡协调发展、缩小城乡差距具有十分积极的意义。为此，我们应建立和健全城乡统一的公共服务体系，改变当前分裂的城乡公共服务二元结构。另外，应该积极转变政府职能，逐步实现多元化的治理结构。在我国城乡公共服务的供给中，应以政府为主导，同时注重市场和社会力量的共同参与。

4. 统筹区域发展，缩小各个地区之间的收入差距

统筹区域发展，缩小各个地区之间的收入差距，关键在于加快我国落后地区尤其是中西部地区的经济发展。为此，政府应该继续坚持西部大开发战略、中部崛起战略和振兴东北老工业基地战略。①促进偏远地区和欠发达地区产业结构的优化和升级，加快这些地区经济增长方式的转型。根据各个地区的资源禀赋、人力资源以及社会经济发展的实际情况，制定有针对性的产业政策，帮助这些地区实现产业优化升级，因地制宜地发展各种特色经济和优势产业。在经济发展过程中，尤其要注意对自然资源的适度保护和可持续发展。此外，改变经济落后地区单一的经济发展模式，注重培育新兴产业和新的经济增长点。②继续加强对经济不发达地区、革命老区和民族地区的财政扶持力度。从 2001 年起，我国中央财政设立了革命老区转移支付资金，至 2014 年底，累计转移支付了约 300 亿元。民族地区和其他不发达地区也获得了一定的转移支付。但总体而言，支持力度较小。因此，加大对这些地区的财政转移支付能够加快这些地区的资本形成，提高经济增长速度，从而缩小与东部沿海地区的收入差距。③加大中西部地区和落后地区的基础设施建设。公共产品占有的多寡也可以反映一个地区的收入情况。通过加强欠发达地区和偏远地区的公共设施建设，改善这些地区的公共服务，能够有效地

改善当地居民的生活水平，促进该地区的经济增长，从而创造出更多更好的就业机会，提高城镇居民收入。

5. 对垄断行业进行合理管制，调节行业收入差距

我国的很多国有大型企业在保障经济稳定和社会民生等方面发挥了重要作用，但是不少国有企业处于行业垄断地位，有些国有企业利用其行业垄断地位造成了很多不好的影响：一是垄断带来了低效以及社会福利的净损失；二是凭借垄断地位获得了大量垄断利润，这些垄断利润内部化造成了收入差距的扩大。研究显示，金融行业的平均收入是农、林、牧、渔等行业平均收入的 4 倍以上。因此，政府必须加强对垄断行业、垄断部门的合理管制，消除由于垄断地位的不合理的行业收入差距。一方面，政府要加强对这些部门的监管和审计。审计部门应当对这些大型的垄断企业进行定期或者不定期的检查。不仅要审查国有资产的保值增值情况，还要考察该企业各级员工尤其是企业高管和中级管理人员的各种货币收入与非货币性收入。另一方面，要加强社会监督。单纯依靠政府难以对垄断企业进行有效的监管，我们应当拓宽监督渠道，发动群众和社会的力量。在全社会范围内征集第三方审计员，参与垄断企业的监督和审计工作，这不仅可以使社会公众具有有效的知情权，同时可以对审计部门的行为进行监管，有效防范寻租现象的产生。

第四节　拓宽消费领域，改善消费结构

消费结构的多样化对城镇居民消费的提高有积极作用。为此，我们可以从以下几方面着手：

1. 培育新的消费热点

研究显示，当前我国城镇居民对于生活必需品和耐用消费品的消费已呈现饱和势头，城镇居民关于生活必需品和耐用消费品的绝对支出总量、增速

及占居民收入的比重均出现下滑趋势。同时，根据恩格尔定律，我国城镇居民已经逐步进入相对富裕的历史阶段。因此，关于这方面的消费增长将会逐步下降。例如，2008~2015年，我国的白色家电行业一直受到政府政策的支持，从“家电下乡”“以旧换新”到“节能补贴”等，这些政策对于相关行业的快速发展起到了重要作用。但是，随着这些优惠扶持政策全部取消，居民的消费支出将回到正常水平，其增收将大幅放缓。因此，我国应该培育新的消费热点，加快居民消费结构转变。大力发展互联网消费，鼓励居民网络购物，倡导智慧生活方式，发展智能电视、智能手机以及可穿戴设备等行业。

2. 发展服务消费

现阶段，我国服务消费的增长速度远远高于同期的商品消费。国家旅游局调查结果显示：“2015年春节黄金周期间，全国共接待游客2.61亿人次，比2014年春节黄金周增长12.9%；实现旅游收入1448.3亿元，增长14.6%。此外，2015年2月份，全国电影票房收入40.5亿元，同比增长25.4%，远远高于同期餐饮业11.2%和商品零售业10.7%的增速。”这意味着我国城镇居民对服务消费的需求在不断增加。因此，我们应该加快发展现代服务业，在进行供给侧改革的同时着力提高现代服务业的质量和效益，增强各个服务行业的整体实力，推动我国现代服务业水平实现整体跃升，提高城镇居民的服务消费水平。

3. 改变消费理念，鼓励文化消费

随着我国经济的发展以及社会的不断进步，我国城镇居民的消费不仅仅局限于传统的生存型消费，正转向发展型和享受型消费。因此，我们应该拓宽消费领域，实现居民消费的升级。政府不仅要关注城镇居民基本的物质消费，而且要把重点放在提升居民的消费层次，鼓励广大城镇居民转变消费观念，从单一的追求物质消费转向追求服务消费和精神消费，从单纯的重视生活水平转向追求生活质量的提高。为此，我们应该鼓励城镇居民加大文化方面的消费。①各级政府加大对文化设施的财政投入，鼓励和引导相关企业投资于文化产业，兴建更多更好的适应广大居民需求的文化消费场所。②各个企业要不断地提高商品和服务的质量，培育具有竞争力的商品和服务，吸引城镇居民进行文化消费。③发展“互联网+”的网络消费。鼓励各个文化企业大力发展电子商务平台，积极开发各种适合网络销售的文化商品和服务，给广大居民提供快捷、新颖、个性化的文化商品和文化服务。④鼓励各个相关企业面向城镇居民调整产品结构，增加商品市场的有效供给。各相关生产企业应该顺应我国城镇居民消费结构升级的需求，为他们提供适销对路的产品。加强对居民消费结构的了解，分析城镇居民的消费水平、消费结构和消费倾向等，从而调整产品结构，生产能够满足不同地区、不同层次居民需求的各类产品。

4. 优化消费环境

在当前内需不振的条件下，我国应全面改善和优化消费环境，保护消费者的合法权益。这要求我们做到以下几点：①进一步提高和完善标准化水平，建立健全质量监管体系，强化各个企业主体的责任。②改革和完善市场的信用环境，建立全国统一的信用信息交换和共享平台，进一步推动跨地区、跨行业的信用奖惩联动机制。③把提高居民的维权意识和规范市场竞争相结合。公平竞争是市场机制正常运行的前提，同时也是营造良好的消费环境的重要条件之一。为此，相关职能部门应该进一步建立和完善市场交易规则，规范市场经营中各个企业的行为。另外要加大惩罚力度，严厉打击制假、造假和贩假行为，坚决杜绝各类假冒伪劣产品对我国商品市场的侵蚀行为，让广大城镇居民可以放心消费、大胆消费。④政府执法部门要加大对失信违规行为的监管以及处罚打击力度，并发挥社会机构、新闻媒体等民间组织的监督作用，共同净化消费环境。⑤要大力发展新型物流方式，全面搞活城镇市场的商业流通，逐步形成以城市为重点、乡村为骨干的商品零售网络。以市场为依托，各类购销网点为补充，将连锁经营、代理销售、网络直销等营销手段延伸到各地，提升城镇居民的消费层次。

第十一章　结论与展望

居民的消费问题是国民经济领域中的一个重要问题。从微观角度来看，消费问题与个人和家庭息息相关，消费什么，消费多少，事关每个家庭和个人的幸福。从宏观角度来看，启动国内消费对于促进我国经济持续稳定健康发展有重要意义。

第一节　主要结论

通过上述研究，我们得出了以下主要结论：

第一，在分析居民消费率的波动特征和区域差异的基础上，进行了居民消费率的国际间比较，并估计了我国的最优居民消费率。研究发现，我国实际居民消费率远低于理论最优居民消费率。

第二，我们在生命周期假说和持久收入假说的基础上，应用门限回归模型实证分析了我国城镇居民消费行为的特征，探讨了流动性约束对城镇居民消费的影响。研究发现，我国高收入居民和低收入居民的消费行为并不一致，高收入居民不具有过度敏感性，而低收入居民具有过度敏感性。进一步的分析表明，低收入居民对收入的过度敏感性不是由消费者的短视行为所引起，而是流动性约束所导致。

第三，我们对坎贝尔和曼昆的模型进行拓展，构建了包含消费信贷因素的理论模型，之后利用我国各个省、自治区和直辖市 2004~2013 年的数据，建立 PSTR 模型，实证分析了消费信贷对城镇居民消费的影响。研究发现，城镇居民对于收入变化和消费信贷变化均具有过度敏感性，但是高收入群体的收入敏感性系数和消费信贷敏感性系数均低于低收入群体，而利率变动对居民消费行为的影响并不显著。并且居民对于收入变化和消费信贷变化具有过度敏感性并非是消费者的短视行为所引起，而是流动性约束所导致。

第四，我们首先从理论上分析了转型时期我国城镇居民面临的各种不确定性。其次，我们对收入不确定性进行了合理测度。最后，基于行为经济学的前景理论，实证分析了收入不确定性对城镇居民消费的影响。研究发现，收入波动对城镇居民消费的影响与预期有关。如果收入增长高于预期，将提高其消费率；反之，将降低居民的消费率。此外，我国城镇居民的消费行为服从前景理论，好年份带来的正效用无法抵消坏年份带来的负效用。

第五，我们分析了改革开放后我国城镇居民消费率偏低的主因之一在于金融市场不完善。在 Asdrubali（2008）的理论框架基础上，应用我国 1985~2011 年的省级数据，考察了我国不同地区和不同收入组城镇家庭消费的风险分担和跨期平滑情况。研究发现，我国城镇家庭消费不仅风险分担程度很低，而且其消费的跨期平滑是不完全的。

第六，我们分析了财政政策对居民消费的影响。我们在探讨财政政策对居民消费作用机理的基础上，分析了我国财政支出规模和支出结构的现状特征与变化趋势，而后实证研究了财政政策对城镇居民消费的影响。最后，我们通过建立 STR 模型，实证分析了货币政策变化对城镇居民消费的影响。

第二节　不足与展望

由于各种主客观因素的制约，本书仍然存在着很多不足之处，有待在今

后的研究中不断加以改进和完善。

第一，研究资料和数据的获取。获得准确的统计资料是我们进行经济社会定量分析的前提和基础，对于消费问题的研究也不例外。然而由于种种原因，很多研究者都缺乏这方面的数据，因此无法更加深入细致地分析家庭和个人的行为对消费率的影响。尽管课题组对鄱阳湖生态经济区的部分家庭和个人进行了调查研究，但是参考意义不是很大。这是因为，对于这类问题的研究需要的是微观的跟踪调查数据，而我国这些数据很少公开。

第二，研究方法的进一步拓展。本书实证分析中采用了时间序列数据和面板数据，在研究方法上对线性分析框架和非线性分析框架进行了结合。但是没有应用微观计量方法，而且在实证分析中以参数分析为主，没有涉及非参数分析和半参数分析，这些在将来的研究中应该进一步深入和拓展。

第三，研究内容的进一步深入。本书在分析居民消费的影响因素时，仅仅对我国的宏微观数据进行了研究，没有与发展水平相接近和收入水平差不多的国家（地区）进行比较分析。通过进行国际和区域性的比较分析，把握其共性和个性，对于启动我国内需、促进城乡居民消费增长、实现我国经济的持续发展有重要的参考意义。

今后，笔者将继续跟踪国内外居民消费的理论动态，更加深入地对居民消费问题进行探讨和研究。

附　录

城乡居民消费项目调查问卷

1. 您的性别（　　）

A. 男　　B. 女

2. 您的年龄（　　）

A. 18 岁以下　　B. 18~25 岁

C. 26~35 岁　　D. 36~45 岁

E. 46~55 岁　　F. 56 岁及以上

3. 您的学历（　　）

A. 小学及以下　　B. 初中

C. 高中（含中专、技校）　　D. 大专

E. 大学本科　　F. 硕士及以上

4. 您的职业（　　）

A. 企业、事业单位、国家机关普通员工

B. 企业、事业单位、国家机关中层

C. 企业、事业单位、国家机关负责人

D. 个体营业

E. 外来务工人员

F. 其他

5. 您所从事的行业（　　）

A. 教育　　B. 餐饮服务业

C. 金融业　　D. 零售业

E. 电子通信业　　F. 其他

6. 您的户籍归属于（　　）

A. 城镇　　B. 农村

7. 您养育小孩的数量（　　）

A. 目前没有　　B. 1 个

C. 2 个　　D. 3 个

E. 4 个以上（含 4 个）

8. 您家庭的年收入情况（　　）

A. 3 万元以下　　B. 3 万~6 万元（含 6 万元）

C. 6 万~10 万元（含 10 万元）　　D. 10 万~20 万元（含 20 万元）

E. 20 万元以上

9. 您家庭平均一年需要多少生活费（　　）

A. 2 万元以下　　B. 2 万~5 万元（含 5 万元）

C. 5 万~10 万元（含 10 万元）　　D. 10 万~20 万元（含 20 万元）

E. 20 万元以上

10. 您觉得您现在的收入情况如何（　　）

A. 高得惨不忍睹　　B. 偏高

C. 刚刚好　　D. 偏低

E. 低得一塌糊涂

11. 您觉得您现在每月的消费情况如何（　　）

A. 高得惨不忍睹　　B. 偏高

C. 刚刚好　　D. 偏低

E. 低得一塌糊涂

12. 在食品支出方面，您每年花费多少（ ）

A. 1 万元以内　　B. 1 万~2 万元（含 2 万元）

C. 2 万~3 万元（含 3 万元）　　D. 3 万~5 万元（含 5 万元）

E. 5 万元以上

13. 在衣着支出方面，您每年花费多少（ ）

A. 1 万元以内　　B. 1 万~2 万元（含 2 万元）

C. 2 万~3 万元（含 3 万元）　　D. 3 万~5 万元（含 5 万元）

E. 5 万元以上

14. 在家用电器购买支出方面，您每年花费多少（ ）

A. 1 万元以内　　B. 1 万~2 万元（含 2 万元）

C. 2 万~3 万元（含 3 万元）　　D. 3 万~5 万元（含 5 万元）

E. 5 万元以上

15. 在交通支出方面，您每年花费多少（ ）

A. 2000 元以内　　B. 2000~5000 元（含 5000 元）

C. 5000~1 万元（含 1 万元）　　D. 1 万~2 万元（含 2 万元）

E. 2 万元以上

16. 在通信支出方面，您每年花费多少（ ）

A. 1000 元以内　　B. 1000~2000 元（含 2000 元）

C. 2000~3000 元（含 3000 元）　　D. 3000~5000 元（含 5000 元）

E. 5000 元以上

17. 在娱乐支出方面，您每年花费多少（ ）

A. 2000 元以内　　B. 2000~5000 元（含 5000 元）

C. 5000~1 万元（含 1 万元）　　D. 1 万~2 万元（含 2 万元）

E. 2 万元以上

18. 在教育支出方面，您每年花费多少（ ）

A. 1 万元以内　　B. 1 万~2 万元（含 2 万元）

C. 2 万~3 万元（含 3 万元） D. 3 万~5 万元（含 5 万元）

E. 5 万元以上

19. 在医疗保健支出方面，您每年花费多少（ ）

A. 1 万元以内 B. 1 万~2 万元（含 2 万元）

C. 2 万~3 万元（含 3 万元） D. 3 万~5 万元（含 5 万元）

E. 5 万元以上

20. 在住房支出方面，您每年花费多少（ ）

A. 1 万元以内 B. 1 万~3 万元（含 3 万元）

C. 3 万~5 万元（含 5 万元） D. 5 万~8 万元（含 8 万元）

E. 8 万元以上

21. 您每年支出费用最大的项目是（ ）

A. 住房 B. 医疗保健

C. 教育 D. 食品

E. 其他

22. 您每年支出费用最小的项目是（ ）

A. 食品 B. 衣着

C. 通信 D. 交通

E. 其他

23. 近年来支出费用增长最快的项目是（ ）

A. 住房 B. 医疗保健

C. 教育 D. 交通

E. 其他

24. 近年来支出费用下降最快的项目是（ ）

A. 住房 B. 医疗保健

C. 教育 D. 食品

E. 其他

25. 您目前最想购买的商品是（　　）

A. 住房　　B. 交通工具

C. 教育　　D. 电子产品

E. 食物　　F. 医疗保健

G. 其他

参考文献

[1] Agustin Benetrix. International Risk Sharing and the Irish Economy [R]. The Institute for International Integration Studies Discussion Paper Series with Number iiisdp，343，2010.

[2] Araujo R. Structural Change and Decisions on Investment Allocation [J]. Structural Change and Economic Dynamics，2002，13 (2)：249-258.

[3] Asdrubali P. and Kim A. Incomplete Intertemporal Consumption Smoothing and Incomplete Risk Sharing [J]. Journal of Money，Credit and Banking，2008 (2)：1521-1531.

[4] Athanasoulis S. and E. Wincoop. Risksharing within the U.S.：What Have Financial Markets and Fiscal Federalism Accomplished? [J]. Review of Economics and Statistics，2001 (3)：688-698.

[5] Aydede H. Saving and Social Security Wealth：A Case of Turkey [R]. Working Paper，2007.

[6] Bacchetta and Gerlach. Consumption and Credit Constraints：International Evidence [J]. Journal of Monetary Economics，1997，40 (2)：207-238.

[7] Beaton K. Credit Constraints and Consumer Spending [R]. Bank of Canada Working Paper，2009.

[8] Bugarin M. and R. Ellery. Liquidity Constraints and the Behavior of Aggregate Consumption over the Brazilian Business Cycle [J]. Estudos Economics，2002，32 (4)：134-158.

[9] Caballero R. J. Durable Goods: An Explanation for Their Slow Adjustment [J]. Journal of Political Economy, 1993, 49 (2): 414-487.

[10] Caballero R. J. Earning Uncertainty and Aggregate Wealth Accumulation [J]. American Economic Review, 1991, 81 (4): 32-87.

[11] Campbell J. Y. and Angus S. Deaton. Is Consumption Too Smooth? [R]. NBER Working Papers, No. 2134, 1989.

[12] Campbell J. Y. and João F. Cocco. How Do House Prices Affect Consumption? Evidence from Micro Data [J]. Journal of Monetary Economics, 2007, 54 (3): 591-621.

[13] Campbell J. Y. and Mankiw N. G. Consumption, Income, and Interest Rates: Reinterpreting the Time Series Evidence, in O. Blanchard and S. Fisher (eds.), Macroeconomics Annuals, NBER 1989 [M]. Cambridge: The MIT Press.

[14] Campbell J. Y. and Mankiw N. G. The Response of Consumption to Income-Across-Country Investigation [J]. European Economic Review, 1991, 35 (4): 723-756.

[15] Campbell J. Y. and Mankiw N. G. Permanent Income, Current Income, and Consumption [J]. Journal of Business and Economic Statistics, 1990, 8 (3): 265-279.

[16] Carroll C. and Andrew Samwick. How Important is Precautionary Saving [J]. Review of Economics and Statistics, 1998, 80 (3): 410-419.

[17] Carroll C., Overl J. and Weil D. Saving and Growth with Habit Formation [J]. American Economic Review, 2000, 90 (3): 341-355.

[18] Carroll C. D. A Theory of the Consumption Function, with and without Liquidity Constraints (Expanded Version) [R]. NBER Working Paper, No. W8387, 2001.

[19] Carroll C. D. and Kimball M. Liquidity Constraints and Precautionary Saving [D]. Mimeo, The Johns Hopkins University, 2005.

[20] Carroll C. D. and Miles S. Kimball. Precautionary Saving and Precautionary Wealth [J]. Palgrave Dictionary of Economics and Finance, 2nd eds., 2007.

[21] Carroll C. D. and Summers L. H. Consumption Growth Parallels Income Growth: Some New Evidence [M]. In B. Douglas Bernheim and John B. Shoven, National Saving and Economic Performance [M]. Chicago U. Press for NBER, 1991: 305-343.

[22] Carroll C. D. Precautionary Saving and the Marginal Propensity to Consume Out of Permanent Income [J]. Journal of Monetary Economics, 2009, 56 (6): 780-790.

[23] Carroll C. D., Karen E. Dynan and Spencer S. Krane.Unemployment Risk and Precautionary Wealth: Evidence from Households' Balance Sheets [J]. Review of Economics and Statistics 2003, 85 (3): 187-215.

[24] Charles L. The Asymmetric Effects of Monetary Policy: A Nonlinear Vector Autoregression Approach [J]. Journal of Money, Credit and Banking, 1999, 31 (1): 85-108.

[25] Cover J. Asymmetric Effects of Positive and Negative Money Supply Shocks [J]. Quarterly Journal of Economics, 1992, 107 (4): 1261-1282.

[26] Crucini J. On International and National Dimensions of Risk Sharing [J]. The Review of Economics and Statistics, 1999 (1): 73-84.

[27] Deaton A. Household Saving in LDC'S: Credit Markets, Insurance, and Welfare [R]. Working Papers from Princeton, Woodrow Wilson School-Development Studies, 1991.

[28] Deaton A. Saving and Income Smoothing in Cote D'Ivoire [R]. Working Papers from Princeton, Woodrow Wilson School-Development Studies, 1992.

[29] Deaton A. Saving and Liquidity Constraints [J]. Econometrica, 1991, 59 (5): 1221-1248.

[30] Dolde W. Capital Markets and the Short Run Behavior of Life Cycle

Savers [J]. Journal of Finance, 1978, 33 (2): 413-428.

[31] Duesenberry J. S. Income, Saving and the Theory of Consumer Behavior [M]. Harvard University Press, Cambridge, Mass., 1949 .

[32] Dynan K. How Prudent are Consumers [J]. Journal of Political Economy, 1993, 101 (6): 1104-1113.

[33] Feldstein M. Social Security, Induced Retirement, and Aggregate Capital Accumulation [J]. Journal of Political Economy, 1974, 82 (5): 905-927.

[34] Flavin M. The Adjustment of Consumption to Changing Expectations about Future Income [J]. Journal of Political Economy, 1981, 89 (5): 974-1009.

[35] Flavin M. Excess Sensitivity of Consumption to Current Income: Liquidity Constraints or Myopia [J]. Canadian Journal of Economics, 1985, 18 (1): 117-136.

[36] Flavin M. Excess Smoothness of Consumption: Identification and Interpretation [J]. The Review of Economic Studies, 1993, 60 (3): 651-666.

[37] Fok D., Dijk V. and Franses H. A Multi-Level Panel Smooth Transition Auto-Regression for Us Sectoral Production [R]. Econometric Institute Research Papers EI 2003-43, Erasmus University Rotterdam, Erasmus School of Economics (ESE), Econometric Institute.

[38] Friedman M. A Theory of the Consumption Function [M]. Princeton University Press, Princeton, NJ, 1957.

[39] Golletaz G. and Christophe H. Threshold Effects in the Public Capital Productivity: An International Panel Smooth Transition Approach. Working Papers, 2008-00724208, HAL.

[40] Gonzalez A., Terasvirta T. and Dick D. Panel Smooth Transition Regression Model and an Application to Investment under Credit Constraints [R]. Working Paper, 2004.

[41] Gonzalez A., Terasvirta T. and Dick V. Panel Smooth Transition Regres-

sion Models [W]. Working Paper Series in Economics and Finance, 2005, No. 6041.

[42] Granger C. and Terasvirta T. Modelling Nonlinear Economic Relationships [M]. Oxford: Oxford University Press, 1993.

[43] Gusio L. Earnings Uncertainty and Precautionary Saving [J]. Journal of Monetary Economics, 1992, 30 (2): 863-875.

[44] Hall R. E. and F. S. Mishkin. The Sensitivity of Consumption to Transitory Income: Estimates form Panel Data on Households [J]. Econometrica, 1982, 50 (3): 461-481.

[45] Hall R. E. Intertemporal Substitution in Consumption [J]. Journal of Political Economy, 1988, 96 (2): 339-357.

[46] Hall R. E. Stochastic Implications of the Life Cycle-Permanent Income Hypothesis: Theory and Evidence [J]. Journal of Political Economy, 1978, 86 (6): 971-987.

[47] Hansen B. E. Inference When a Nuisance Parameter Is Not Identified under the Null Hypothesis [J]. Econometrica, 1996, 64 (6): 413-430.

[48] Hansen B. E. Sample Splitting and Threshold Estimation [J]. Econometrica, 2000, 68 (3): 575-603.

[49] Hansen B. E. Threshold Effects in Non-Dynamic Panels: Estimation Testing and Inference [J]. Journal of Econometrics, 1999, 93 (2): 345-386.

[50] Hayashi F. The Effect of Liquidity Constraints on Consumption: A Cross-Sectional Analysis [J]. The Quarterly Journal of Economics, 1985, 100 (1): 183-206.

[51] Hayashi F. Tests for Liquidity Constraints: A Critical Survey and Some New Observations, in T. Bewley (eds.), Advances in Econometrics, Fifth World Congress [M]. Cambridge University Press, 1987.

[52] Hayne E. Leland. Saving and Uncertainty: The Precautionary Demand

for Saving [J]. The Quarterly Journal of Economics, 1968 (3): 465-473.

[53] Hubbard G. Liquidity Constraints, Fiscal Policy, and Consumption [J]. Brookings Papers on Economic Activity, 1986, 52 (1): 1-59.

[54] Im K. S., Pesaran M. H. and Shin Y. Testing for Unit Roots in Heterogeneous Panel [D]. Mimeo, Department of Applied Economics, University of Cambridge, 1997.

[55] Jappelli T. and M. Padula. The Consumption and Wealth Effects of an Unanticipated Change in Lifetime Resources [J]. Management Science, 2016, 62 (5), 1458-1471.

[56] Jappelli T. Who is Credit Constrained in the U. S. Economy [J]. The Quarterly Journal of Economics, 1990, 105 (5): 219-234.

[57] Jappelli T. and L. Pistaferri. The Consumption Response to Income Changes [J]. Annual Review of Economics, 2010 (2): 479-506.

[58] Jappelli T. and Pagano M. Consumption and Capital Market Imperfections: An International Comparison [J]. American Economic Review, 1989, 79 (5): 1088-1105.

[59] Jappelli T. and Pagano M. Saving, Growth, and Liquidity Constraints [J]. Quarterly Journal of Economics, 1994, 109 (1): 83-109.

[60] Karras G. What Causes the Asymmetric Effects of Monetary Policy: Size or Sign of Money Supply Shocks [J]. Journal of Economic Asymmetries, 2007, 4 (1): 57-72.

[61] Kimball M. S. Precautionary Saving in the Small and in the Large [J]. Econometrical, 1990, 58 (1): 53-73.

[62] Laibson D. Golden Eggs and Hyperbolic Discounting [J]. Quarterly Journal of Economics, 1997, 112 (2): 443-477.

[63] Laibson D. A Cue Theory of Consumption [J]. Quarterly Journal of Economics, 2001, 116 (1): 81-119.

[64] Leblebicioglu A. Financial Integration, Credit Market Imperfections and Consumption Smoothing [R]. North Carolina State University Working Paper, 2006.

[65] Lee J. and Sawada Y. Precautionary Saving under Liquidity Con - straints: Evidence from Rural Pakistan [J]. Journal of Development Economic, 2010, 91(1): 77-86.

[66] Lee J. and Sawada Y. The Degree of Precautionary Saving: A Re-examination [J]. Economics Letters, 2007, 96 (2): 196-201.

[67] Leimer R. and David H. Richardson. Social Security, Uncertainty Adjustments and the Consumption Decision [J]. Economica, 1992, 59 (5): 311-335.

[68] Leland Hayne E. Saving and Uncertainty: The Precautionary Demand for Saving [J]. Quarterly Journal of Economics, 1968, 82 (3): 465-473.

[69] Levin Andrew, Chien-Fu Lin and Chia-Shang James Chu. Unit Root Tests in Panel Data: Asymptotic and Finite-Sample Properties [J]. Journal of Econometrics, 2002, 108 (1): 1-24.

[70] Ludvigson S. Consumption and Credit: A Model of Time-Varying Liquidity Constraints [J]. The Review of Economics and Statistics, 1999, 81 (3): 434-447.

[71] Miller R. L. The Effect on Optimal Consumption of Increased Uncertainty in Labor Income in the Multi-period [J]. Journal of Economics Theory, 1976, 13 (1): 154-167.

[72] Morgan D. Asymmetric Effects of Monetary Policy [J]. Federal Reserve Bank of Kansas City Economic Review, 1993, 78 (2): 21-33.

[73] Ngai R. and Christopher A. Structural Change in a Multisector Model of Growth [J]. American Economic Review, 2007, 97 (1): 429-443.

[74] Obstfeld and Maurice. International Capital Mobility in the 1990's

[M]. Edited by Peter Kenen, Princeton University Press, 1995.

[75] Paul G. and Carlos H. The Asymmetric Effects of Monetary Policy in General Equilibrium [J]. Journal of Centrum Cathedra, 2008, 37 (1): 28-46.

[76] Quah D. Exploiting Cross-Section Variation for Unit Root Inference in Dynamic Data [J]. Economics Letters, 1994, 44 (1): 9-19.

[77] Quah D. International Patterns of Growth: Persistence in Cross-Country Disparities [R]. LSE Working Paper, 1992.

[78] Shang Jin Wei and Xiaobo Zhang. The Competitive Saving Motive: Evidence from Rising Sex Ratios and Savings Rates in China [J]. Journal of Political Economy, 2011, 119 (3): 511-541.

[79] Shea J. Myopia. Liquidity Constraints, and Aggregate Consumption: Simple Test [J]. Journal of Money, Credit, and Banking, 1995, 27 (3): 798-805.

[80] Skinner J. Risky Income, Life Cycle Consumption, and Precautionary Savings [J]. Journal of Monetary Economics, 1988, 22 (2): 237-255.

[81] Suzanne McCoskey and Chihwa Kao. A Residual-Based Test of the Null of Cointegration in Panel Data [J]. Econometric Reviews, 1998, 17 (1): 57-84.

[82] Terasvirta T. Specification, Estimation and Evaluation of Smooth Transition Autoregressive Models [J]. Journal of American Statistical Association, 1994, 89 (425): 208-218.

[83] Thaler Richard. Saving, Fungibility, and Mental Account [J]. Journal of Economics, 1990, 4 (1): 193-205.

[84] Townsend M. Consumption Insurance: An Evaluation of Risk Bearing Systems in Low Income Economics [J]. Journal of Economic Perspectives, 1995 (3): 83-102.

[85] Zeldes S. P. Consumption, Liquidity Constraints: An Empirical Investigation [J]. Journal of Political Economy, 1989, 97 (2): 305-346.

[86] Zeldes S. P. Housing Markets, Consumption and Financial Liberalisation in the Major Economics [J]. European Economic Review, 1992, 36 (5): 1193-1127.

[87] Zeldes S. P. Optimal Consumption with Stochastic Income: Deviations from Certainty Equivalence [J]. The Quarterly Journal of Economics, 1989, 104 (2): 275-298.

[88] Zeldes S. P. The Consumption of Stockholders and Nonstockholders [J]. Journal of Financial Economics, 1991, 29 (1): 97-112.

[89] 白暴力，傅辉煌. 收入分配差距偏大的主要因素和消费需求牵扯 [J]. 改革，2011 (7): 32-41.

[90] 白仲林，杨萍，赵蓉. 生命不确定性的跨期最优消费行为研究 [J]. 统计研究，2012 (2): 28-33.

[91] 白重恩，李宏彬，吴斌珍. 医疗保险与消费：来自新型农村合作医疗的证据 [J]. 经济研究，2012 (2): 41-53.

[92] 白重恩，钱震杰. 国民收入的要素分配：统计数据背后的故事 [J]. 经济研究，2009 (3): 179-205.

[93] 白重恩，钱震杰. 谁在挤占居民的收入——中国国民收入分配格局分析 [J]. 中国社会科学，2009 (5): 99-115.

[94] 保罗·舒尔茨. 人口结构和储蓄：亚洲的经验证据及其对中国的意义 [J]. 经济学季刊，2005 (7): 991-1017.

[95] 蔡跃洲，王玉霞. 投资消费结构影响因素及合意投资消费区间——基于跨国数据的国际比较和实证分析 [J]. 经济理论与经济管理，2010 (1): 24-30.

[96] 晁钢令，王丽娟. 我国消费率合理性的评判标准——钱纳里模型能解释吗? [J]. 财贸经济，2009 (4): 99-104.

[97] 陈斌开，张鹏飞，杨汝岱. 政府教育投入、人力资本投资与中国城乡收入差距 [J]. 管理世界，2010 (1): 36-43.

[98] 陈斌开. 收入分配与中国居民消费——理论和基于中国的实证研究 [J]. 南开经济研究，2012（1）：33–49.

[99] 陈冲. 收入不确定性的度量及其对农村居民消费行为的影响研究 [J]. 经济科学，2014（3）：46–60.

[100] 陈玉宇，行伟波. 消费平滑、风险分担与完全保险——基于城镇家庭收支调查的实证研究 [J]. 经济学（季刊），2006（1）：253–272.

[101] 陈璋，徐宪鹏，陈淑霞. 中国转型期收入分配结构调整与扩大消费的实证研究——基于投入产出两部门分析框架 [J]. 经济理论与经济管理，2011（5）：5–16.

[102] 程磊. 收入差距扩大与中国内需不足：理论机制与实证检验 [J]. 经济科学，2011（1）：11–24.

[103] 储德银，童大龙. 中国财政政策对居民消费需求的非对称效应——基于流动性约束视角下一个新的分析框架 [J]. 公共管理学报，2012（1）：70–79.

[104] 储德银，闫伟. 地方政府支出与农村居民消费需求：基于 1998~2007 年省级面板数据的经验分析 [J]. 统计研究，2009（5）：38–44.

[105] 楚尔鸣，鲁旭. 基于面板协整的地方政府支出与居民消费关系的实证检验 [J]. 经济理论与经济管理，2008（6）：5–10.

[106] 杜海韬，邓翔. 流动性约束和不确定性状态下的预防性储蓄研究——中国城乡居民的消费特征分析 [J]. 经济学季刊，2005（2）：297–316.

[107] 段先盛. 收入分配对总消费影响的结构分析——兼对中国城镇家庭的实证检验 [J]. 数量经济技术经济研究，2009（9）：151–162.

[108] 段先盛. 中国居民部门消费率的结构分解分析 [J]. 经济学家，2015（4）：29–36.

[109] 范兆媛，周少甫. 城镇化、人口年龄结构对居民消费的影响及区域差异 [J]. 南京社会科学，2016（8）：21–25.

[110] 方显仓，王昱坤. 社会保障、预防性储蓄与上海居民消费 [J]. 上

海经济研究，2013（10）：75-84.

［111］高梦滔，毕岚岚，师慧丽. 流动性约束、持久收入与农户消费——基于中国农村微观面板数据的经验研究［J］. 统计研究，2008（6）：48-55.

［112］官永彬，张应良. 转轨时期政府支出与居民消费关系的实证研究［J］. 数量经济技术经济研究，2008（12）：15-25.

［113］桂文林. 基于状态空间模型的中国消费率变动趋势［J］. 统计与信息论坛，2013（12）：34-41.

［114］郭兴方. 我国消费率高低的判定——基于宏微观层面的数据分析［J］. 上海经济研究，2007（2）：11-17.

［115］杭斌，申春兰. 经济转型中消费与收入的长期均衡关系和短期动态关系——中国城镇居民消费行为的实证分析［J］. 管理世界，2004（5）：25-32.

［116］杭斌，闫新华. 经济快速增长时期的居民消费行为——基于习惯形成的实证分析［J］. 经济学季刊，2013（4）：1191-1208.

［117］杭斌. 城镇居民的平均消费倾向为何持续下降——基于消费习惯形成的实证分析［J］. 数量经济技术经济研究，2010（6）：126-138.

［118］杭斌. 基于财富目标的居民储蓄行为［J］. 统计研究，2008（2）：65-70.

［119］杭斌. 习惯形成下的农户缓冲储备行为［J］. 经济研究，2009（1）：96-105.

［120］郝君富，李心愉. 市场化改革、人口年龄结构与居民消费需求［J］. 南京社会科学，2014（7）：7-12.

［121］何立新，封进，佐藤宏. 养老保险改革对家庭储蓄率的影响：中国的经验证据［J］. 经济研究，2008（10）：117-130.

［122］贺铿. 中国投资、消费比例与经济发展政策［J］. 数量经济技术经济研究，2006（5）：3-10.

［123］胡日东，王卓. 收入分配差距、消费需求与转移支付的实证研究

[J]. 数量经济技术经济研究，2002（4）：29-32.

[124] 胡书东. 中国财政支出和民间消费需求之间的关系 [J]. 中国社会科学，2002（6）：26-32.

[125] 胡永刚，郭新强. 财政政策规则、预期与居民消费——基于经济波动的视角 [J]. 经济研究，2013（3）：96-107.

[126] 胡永刚，郭新强. 内生增长、政府生产性支出与中国居民消费 [J]. 经济研究，2012（9）：57-71.

[127] 贾良定，陈秋霖. 消费行为模型及其政策含义 [J]. 经济研究，2001（3）：86-92.

[128] 姜百臣，马少华，孙明华. 社会保障对农村居民消费行为的影响机制分析 [J]. 中国农村经济，2010（11）：32-39.

[129] 蒋安然. 进口和中国最优消费率的关系研究 [J]. 经济研究导刊，2012（9）：155-157.

[130] 荆林波，王雪峰. 消费率决定理论模型及应用研究 [J]. 经济学动态，2011（11）：71-79.

[131] 李春琦，唐哲一. 财政支出结构变动对私人消费影响的动态分析——生命周期视角下政府支出结构需要调整的经验证据 [J]. 财经研究，2010（6）：90-101.

[132] 李春琦，张杰平. 中国人口结构变动对农村居民消费的影响研究 [J]. 中国人口科学，2009（4）：14-22.

[133] 李稻葵，刘霖林，王红领. GDP 中劳动份额演变的 U 型规律 [J]. 经济研究，2009（1）：70-82.

[134] 李广众. 政府支出与居民消费：替代还是互补 [J]. 世界经济，2005（5）：38-45.

[135] 李实. 中国个人收入分配研究回顾与展望 [J]. 经济学季刊，2003（2）：379-404.

[136] 李文星，徐长生，艾春荣. 中国人口年龄结构和居民消费：1989~

2004 [J]. 经济研究，2008（7）：118-129.

[137] 李娴. 国际标准产业分类的更新及启示 [J]. 调研世界，2011（10）：51-55.

[138] 李响，王凯，吕美晔. 人口年龄结构与农村居民消费：理论机理与实证检验 [J]. 江海学刊，2010（2）：93-98.

[139] 李扬，殷剑峰. 劳动力转移进程中的高储蓄、高投资和中国经济增长 [J]. 经济研究，2007（6）：4-15.

[140] 李永友，丛树海. 居民消费与中国财政政策的有效性：基于居民最优消费决策行为的经验分析 [J]. 世界经济，2006（5）：54-64.

[141] 林晓楠. 消费信贷对消费需求的影响效应分析 [J]. 财贸经济，2006（11）：27-31.

[142] 刘灵芝，马小辉. 农村居民收入分配结构对总消费的影响分析 [J]. 中国农村经济，2010（11）：26-31.

[143] 刘溶沧，马栓友. 赤字、国债与经济增长关系的实证分析——兼评积极财政政策是否有挤出效应 [J]. 经济研究，2001（2）：13-19.

[144] 卢盛荣，李之薄. 中国地区间货币政策效应双重非对称性研究 [J]. 数量经济技术经济研究，2009（2）：112-126.

[145] 罗梦亮. 预防性动机与消费风险分散——农村居民消费行为的经验分析 [J]. 中国农村经济，2006（4）：12-19.

[146] 罗云毅. 我国当前消费率水平是否“偏低”[J]. 宏观经济研究，2000（5）：38-40.

[147] 毛中根，孙武，福洪涛. 中国人口年龄结构与居民消费关系的比较分析 [J]. 人口研究，2013（1）：82-86.

[148] 潘彬，罗新星，徐选华. 政府购买与居民消费的实证研究 [J]. 中国社会科学，2006（5）：68-76.

[149] 潘彬，徐选华. 资金流动性与居民消费的实证研究——经济繁荣的不对称性分析 [J]. 中国社会科学，2009（4）：43-53.

[150] 乔为国，潘必胜. 我国经济增长中合理投资率的确定 [J]. 中国软科学，2005（7）：76-82.

[151] 申琳，马丹. 政府支出与居民消费：消费倾斜渠道与资源撤出渠道 [J]. 世界经济，2007（11）：73-79.

[152] 沈继红. 人口的年龄结构对消费率的影响研究——基于中国省际面板数据的实证分析 [J]. 上海经济研究，2015（4）：36-42.

[153] 石柱鲜，刘俊生，吴泰岳. 我国政府支出对居民消费的挤出效应分析 [J]. 学习与探索，2005（6）：249-252.

[154] 谭小芳，王迪明，邹存慧. 我国投资和消费结构合理区间的实证研究 [J]. 财经问题研究，2006（4）：68-72.

[155] 谭园. 我国消费率的再测算及其与经济增长的关系研究 [D]. 浙江工商大学硕士学位论文，2013.

[156] 唐绍祥，汪浩瀚，徐建军. 流动性约束下我国居民消费行为的二元结构与地区差异 [J]. 数量经济技术经济研究，2010（3）：81-93.

[157] 田青，马健，高铁梅. 我国城镇居民消费影响因素的区域差异分析 [J]. 管理世界，2008（7）：27-33.

[158] 田为民. 基于经济增长的中国最优消费规模：1978~2006 [J]. 财贸研究，2008（6）：1-7.

[159] 屠俊明. 流动性约束、政府消费替代与中国居民消费波动 [J]. 经济理论与经济管理，2012（2）：37-46.

[160] 万广华，张茵，牛建高. 流动性约束、不确定性与中国居民消费 [J]. 经济研究，2001（11）：35-45.

[161] 汪浩瀚，唐绍祥. 不确定性条件下中国城乡居民消费的流动性约束分析 [J]. 经济体制改革，2009（5）：54-55.

[162] 王春娟，黄昊. 住房改革、流动性约束与城镇居民消费研究 [J]. 财经问题研究，2011（11）：135-140.

[163] 王德文，蔡昉，张学辉. 人口转变的储蓄效应和增长效应 [J]. 人

口研究，2004（5）：2-11.

［164］王金营，付秀彬. 考虑人口年龄结构变动的中国消费函数计量分析——兼论中国人口老龄化对消费的影响［J］. 人口研究，2006（1）：29-36.

［165］王君斌，郭新强，蔡建波. 扩张性货币政策下的产出超调、消费抑制和通货膨胀惯性［J］. 管理世界，2011（3）：7-21.

［166］王立勇，高伟. 财政政策对私人消费非线性效应及其解释［J］. 世界经济，2009（9）：27-36.

［167］王明成. 政府支出与私人消费关系的实证检验：基于财政分权的视角［J］. 南方经济，2012（8）：76-86.

［168］王秋石，王一新. 中国居民消费率真的这么低么——中国真实居民消费率研究与估算［J］. 经济学家，2013（3）：39-48.

［169］王宋涛，吴超林. 收入分配对我国居民总消费的影响分析——基于边际消费倾向的理论和实证研究［J］. 经济评论，2012（6）：44-53.

［170］王文甫. 价格粘性、流动性约束与中国财政政策的宏观效应［J］. 管理世界，2010（9）：11-25.

［171］王霞. 人口年龄结构、经济增长与中国居民消费［J］. 浙江社会科学，2011（10）：20-24.

［172］王学义，张冲. 中国人口年龄结构与居民医疗保健消费［J］. 统计研究，2013（3）：39-43.

［173］王宇鹏. 人口老龄化对中国城镇居民消费行为的影响研究［J］. 中国人口科学，2011（1）：64-73.

［174］王云清，朱启贵. 中国财政扩张对居民消费、投资和通货膨胀的动态效应研究［J］. 南开经济研究，2012（6）：116-132.

［175］吴龙龙. 消费信贷的消费挤出效应解析［J］. 消费经济，2010（2）：15-23.

［176］吴晓明，吴栋. 我国城镇居民平均消费倾向与收入分配状况关系的实证研究［J］. 数量经济技术经济研究，2007（5）：22-32.

[177] 吴振球，王芳，周昱. 我国经济发展中合意消费率与合意居民消费率确定与预测研究 [J]. 中央财经大学学报，2014 (11)：76-83.

[178] 吴忠群，王虎峰. 单纯调整收入差距能提高居民消费率吗？——基于因果检验的分析 [J]. 经济理论与经济管理，2013 (1)：10-19.

[179] 吴忠群，张群群. 中国的最优消费率及其政策含义 [J]. 财经问题研究，2011 (3)：9-13.

[180] 西蒙·库兹涅茨. 各国的经济增长 [M]. 北京：商务印书馆，1985.

[181] 肖攀，李连友，苏静. 农村社会保障对农村居民消费影响的门槛效应与区域异质性——基于面板平滑转换模型的分析 [J]. 软科学，2015 (6)：37-41.

[182] 谢建国，陈漓高. 政府支出与居民消费：一个基于跨期替代模型的中国经验分析 [J]. 当代经济科学，2002 (6)：34-40.

[183] 徐会奇，王克稳，李辉. 影响居民消费行为的不确定因素测量及其作用研究——基于中国农村省级面板数据的验证 [J]. 经济科学，2013 (2)：20-32.

[184] 徐忠，张雪春，丁志杰，唐天. 公共财政与中国国民收入的高储蓄倾向 [J]. 中国社会科学，2010 (6)：93-107.

[185] 许永兵. 对我国居民消费率下降原因的再认识 [J]. 财贸经济，2005 (12)：52 -55.

[186] 杨汝岱，陈斌开. 高等教育改革、预防性储蓄与居民消费行为 [J]. 经济研究，2009 (8)：113-124.

[187] 杨汝岱，朱诗娥. 公平与效率不可兼得吗？——基于居民边际消费倾向的研究 [J]. 经济研究，2007 (12)：46-58.

[188] 杨瑞琼，杭斌. 预防性储蓄的空间探索 [J]. 统计研究，2012 (11)：31-35.

[189] 杨天宇，侯玘松. 收入再分配对我国居民总消费需求的扩张效应 [J]. 经济学家，2009 (9)：39-45.

［190］杨子晖. 政府消费与居民消费：期内替代与跨期替代［J］. 世界经济，2006（8）：37–46.

［191］叶海云. 试论流动性约束、短视行为与我国消费需求疲软的关系［J］. 经济研究，2000（11）：39–44.

［192］易行健，王俊海，易君健. 预防性储蓄动机强度的时序变化与地区差异——基于中国农村居民的实证研究［J］. 经济研究，2008（2）：119–131.

［193］尹世杰. 中国消费结构研究［M］. 上海：上海人民出版社，1988.

［194］余永定，李军. 中国居民消费函数的理论与验证［J］. 中国社会科学，2000（1）：123–134.

［195］袁冬梅，李春风，刘建江. 城镇居民预防性储蓄动机的异质性及强度研究［J］. 管理科学学报，2014（11）：50–62.

［196］袁志刚，宋铮. 人口年龄结构、养老保险制度与最优储蓄率［J］. 经济研究，2000（11）：24–32.

［197］袁志刚，朱国林. 消费理论中的收入分配与总消费——及对中国消费不振的分析［J］. 中国社会科学，2002（2）：69–76.

［198］袁志刚. 中国居民消费前沿问题研究［M］. 上海：复旦大学出版社，2011.

［199］臧旭恒，李燕桥. 消费信贷、流动性约束与中国城镇居民消费行为——基于2004~2009年省际面板数据的经验分析［J］. 经济学动态，2012（2）：61–66.

［200］臧旭恒，裴春霞. 转轨时期中国城乡居民消费行为比较研究［J］. 数量经济技术经济研究，2007（1）：65–72.

［201］臧旭恒，张继海. 收入分配对中国城镇居民消费需求影响的实证分析［J］. 经济理论与经济管理，2005（6）：5–10.

［202］张东刚. 近代日本消费需求变动的因素分析［J］. 南开学报（哲学社会科学版），2003（5）：64–70.

［203］张乐，雷良海. 中国人口年龄结构与消费关系的区域研究［J］. 人

口与经济，2011（1）：16–21.

［204］张全红. 中国低消费率问题探究——1992~2005 年中国资金流量表的分析［J］. 财贸经济，2009（10）：99–105.

［205］张治觉，吴定玉. 我国政府支出对居民消费产生引致还是挤出效应——基于可变参数模型的分析［J］. 数量经济技术经济研究，2007（5）：53–61.

［206］赵坚毅，徐丽艳，戴李元. 中国的消费率持续下降的原因与影响分析［J］. 经济学家，2011（9）：13–19.

［207］赵霞，刘彦平. 居民消费、流动性约束和居民个人消费信贷的实证研究［J］. 财贸经济，2006（11）：32–36.

［208］周绍杰，张俊森，李宏彬. 中国城市居民的家庭收入、消费和储蓄行为：一个基于组群的实证研究［J］. 经济学季刊，2009（4）：1197–1220.

［209］周绍杰. 中国城市居民的预防性储蓄行为研究［J］. 世界经济，2010（8）：112–123.

［210］朱国林，范建勇，严燕. 中国的消费不振与收入分配：理论和数据［J］. 经济研究，2002（5）：72–80.

［211］朱信凯. 流动性约束、不确定性与中国农户消费行为分析［J］. 统计研究，2005（2）：38–42.